RECOMENDACIONES

"Mi amiga Nicole Crank convierte tu sueño en algo alcanzable. En su libro *Cumplidores de objetivos,* Nicole expone los cinco pasos a tu destino. No permitas que tu historia determine tus horizontes. Nicole te contará historias con mucha honestidad y transparencia. Serás desafiado, animado y definitivamente motivado a seguir los cinco pasos al éxito".

—Sam Chand, consultor de liderazgo y autor de *Harnessing the Power of Tension* (www.samchand.com).

"Si no trazas metas y defines tus objetivos, no tienes nada a qué apuntar. La mentalidad de ir con la corriente no lo mío. Necesito ser productivo. Esa es mi responsabilidad. *Cumplidores de objetivos* puede ponerte en el camino adecuado".

—Jim Edmonds, Jardinero central retirado de los St. Louis Cardinals, Ganador 8 de los premios Gold Gloves, 4 veces All Star, 6 veces League MVP.

"Ahora más que nunca, la gente necesita claridad y propósito. El nuevo libro de Nicole, *Cumplidores de objetivos,* es más que un buen libro, es un mapa para toda persona que desee maximizar su potencial. Nicole expone todo lo que necesitas de una manera simple, profunda y hermosa. ¡Lo único que necesitas hacer es seguirlo! No importa dónde te encuentres en la vida, para ser exitoso o exitosa tienes que seguir creciendo… *Cumplidores de objetivos* es un recurso que puede cambiar tu vida y ayudarte a no perder tu rumbo".

—Lee Domingue, Autor de *Pearls of the King & The Family Meeting Guide,* Fundador de Kingdom Builders U.S. y Trafficking Hope, CEO de m360, LLC.

"Es difícil encontrar una estrategia de metas que incluya una conexión con nuestro Padre Celestial. Me encanta como Nicole enfrenta cada

día con pasión y fervor, y al mismo tiempo mantiene su perspectiva anclada en Jesús. ¡Eso es lo que los líderes necesitan!".
—Tyler Reagin, Fundador de Life-Giving Company,
Autor de *Leading Things You Didn't Start*,
ex presidente de Catalyst.

"La pastora Nicole Crank asume el reto de mejorar nuestras vidas con fe en el espíritu humano, sabiduría que proviene de su amplia experiencia y mucho humor. Su libro es un testimonio sólido para nuestra necesidad societaria de ver más mujeres, como la pastora Crank en lugares públicos, cívicos, políticos y puestos de liderazgo. El mensaje de Crank –que lo que nos impide alcanzar la vida que deseamos puede ser abordado y corregido– es estimulante y motivador. Recomiendo encarecidamente que obtengas tu copia de este libro y estarás así dando el primer paso en un recorrido impulsado por la fe y el destino".
—Ido Aharoni Aronoff,
Embajador global, Genius 100 Visions.

"La pastora Nicole tiene una unción especial de poder darte un puñetazo a través de su escrito, con el amor de Dios y la verdad que te hará libre. Me siento honrada de conocer a una persona como ella, que no tiene miedo de decir lo que tiene que decir en todos los temas importantes que la mayoría de los cristianos callan o evitan. Este libro te ayudará a llegar a la raíz para trazar objetivos y alcanzarlos".
—Megan Swanson, Miss Nebraska USA 2020,
Miss Nebraska (América) 2014, CEO y Fundadora,
Powerhouse Pageantry, Oradora y Cantautora.

"Es fácil ser absorbido por el torbellino del aburrimiento cuando no tienes una idea clara de tu destino. Aunque tengas un sueño en vista, es fácil sentirse abrumado si no tienes los pasos para implementarlo o alguien que te guíe a lo largo del camino. Necesitamos metas, tanto naturales como espirituales. Sin ellas, la vida puede fácilmente abrumarnos. El nuevo libro de Nicole Crank, *Cumplidores de objetivos*, te provee un mapa que puede ayudarte a determinar y alcanzar metas sin sentirte abrumado en el proceso. Dios diseñó a sus hijos para que persigan lo mejor para sus vidas, pero necesitamos personas como

Nicole para que nos ayuden a lo largo del camino a alcanzar nuestras metas exitosamente. En este libro perspicaz, Nicole nos pinta un cuadro de un futuro valioso y manejable, basado en la Palabra de Dios, historias personales y algunos pasos prácticos para maximizar la vida. Leer este libro te ayudará a convertirte en la persona que siempre fuiste destinado a ser".

—Marcus D. Lab, Fundador y presidente
de Daystar Television Network.

CUMPLIDORES DE OBJETIVOS

5 pasos para obtener lo que te propones

NICOLE CRANK

AVAIL

Copyright © 2021 Nicole Crank

Publicado por AVAIL

Todos los derechos reservados. Ninguna parte de esta publicación puede ser reproducida, almacenada en sistemas de búsqueda o transmitida de ninguna manera ni por ningún medio – electrónico, mecánico, fotocopia, grabación u otro– excepto por citas breves en reseñas escritas, sin el consentimiento previo, por escrito, del autor.
El texto Bíblico indicado con NTV ha sido tomado de la Santa Biblia, Nueva Traducción Viviente, © Tyndale House Foundation, 2010. Utilizado con permiso de Tyndale House Publishers, Inc., Carol Stream, IL 60188, Estados Unidos de América. Todos los derechos reservados.

El texto Bíblico indicado con TLA ha sido tomado de la Santa Biblia, Traducción en lenguaje actual Copyright © Sociedades Bíblicas Unidas, 2000. Usado con permiso de Biblica, Inc.

El texto Bíblico indicado con RVC ha sido tomado de la Santa Biblia, Reina Valera Contemporánea ® © Sociedades Bíblicas Unidas, 2009, 2011.

El texto Bíblico indicado con RVA1960 ha sido tomado de la Santa Biblia, versión Reina-Valera © 1960 Sociedades Bíblicas en América Latina; © renovado 1988 Sociedades Bíblicas Unidas. Utilizado con permiso. Todos los derechos reservados.

Diseño de portada por Joe De Leon
Fotografía de diseño: Chosen Prohotography

Originalmente publicado en inglés bajo el título Goal-Getters: 5 Steps to Finally Getting What You Want
Servicios de traducción y revisión por God-First Arts Inc.
Traductora: Pamela Praniuk

ISBN: 978-1-954089-45-7   1 2 3 4 5 6 7 8 9 10

Impreso en los Estados Unidos de América

Índice

PREPARÁNDOTE
BISTEC, HUESOS Y PERROS CALIENTES: PREPARANDO TU CAPACIDAD DE SOÑAR......13
    ¿Será que le gustan los huesos a los perros?..................14
    Más de lo que podemos imaginar 14
    No más salchichas 17
    Cinco pasos prácticos 18
    Una bendición sobre tus sueños.........................19

PASO UNO:
FÍJALO Y ALCÁNZALO: CÓMO SOÑAR Y TRAZAR TUS OBJETIVOS 21
    Comienza aquí.....................................21
    Escríbelo 24
    ¿Por qué me siento así?..............................30
    Prepárate, listo, ceba la bomba.........................31
    Así comienza......................................33
    Tu lista de objetivos 41

PASO DOS:
DEFINE TU VISIÓN: CONVIERTE TUS SUEÑOS EN METAS..........................43
    Convierte tus sueños en metas.........................43
    Cuando la visión es clara, hay resultados 44
    Los siguientes 30 días 48
    Reprogramando tu mente para el éxito...................49
    La visión en notas autoadhesivas........................54
    Toma tu pizarra de visión: ahora añádele imágenes 59
    Tienes que verlo para serlo 63
    No te aburras con tu visión; ¡Haz tu pizarra divertida!........67

PASO TRES:
AVANZA: EL PLAN DE ACCIÓN PARA LLEGAR A LA META 69
    ¡Luces, cámara, acción! 69
    El mapa que te llevará allí 70
    Lo que mides puede convertirse en tu tesoro. 70
    La "A" significa... 73
    La "P" es de plan. 78
    Ve más profundo 82
    Escríbelo otra vez, Sam 83

PASO CUATRO:
OBTÉN RESULTADOS: LOS BENEFICIOS DEL COMPROMISO. 87
    Donde está el poder 87
    Recompensa donde piensas que no hay 91
    Lograr: ¿Cuál rana eres? 94
    Es tu decisión: ¿Cuál dolor prefieres? 97
    Cuando el compromiso lleva a ganancias:
    REPENTINAMENTE 99
    Si asumes el compromiso, lo conquistarás 102
    Ejecusión – (En el buen sentido) 104
    La práctica hace al maestro. 106
    ¡Siente el sudor! 107
    El círculo de amigos adecuado:
    Las personas correctas; los resultados correctos 109

PASO CINCO:
¡CELEBRA! DISFRUTA LA RECOMPENSA. 113
    Necesitas descansar 113
    Carga tu tanque 121
    Recompensas 125

BONUS
CONSEJOS, TRUCOS E IDEAS CLAVE 129
    Establece una rutina: Trucos para llegar en autopiloto. 129
    Sigue el paso del favor 134
    Qué debes hacer cuando estás estancado 136

Preparándote

BISTEC, HUESOS Y PERROS CALIENTES: PREPARANDO TU CAPACIDAD DE SOÑAR.

Tengo un perrito Yorkie que pesa 2.2 libras y se llama Luppy. Piensas que soy ruda, ¿verdad? No me juzgues...

Ella lleva con nosotros más de una década. El día que la trajimos a casa como nuestro regalo de Navidad, cabía en la palma de mi mano. Es la perrita más chiquita que jamás haya visto; casi la mitad de nuestro gigante, un perrito Pomerania que pesa 3.8 libras (sí, tampoco ayuda mucho a mi imagen de ruda). Seamos honestos: si alguien entrara a robar a mi casa, esos dos perros no asustarían a nadie. A menos que...

A menos que haya comida de por medio. Si pones un hueso de bistec en el piso, los "ojos de rata" (así que decimos en casa) se apodera de Luppy. La expresión en sus ojos es primitiva y ¡es capaz de atacar tu mano si te atreves a tocar ese hueso! ¡Es capaz de hacerle daño a alguien! ¡Nosotros respetamos la gran determinación que esa bolita de pelo tiene!

En ese momento, ella no está percatada de su tamaño y no va a permitir que eso le impida conseguir lo que quiere. Todos sabemos que a los perros les gustan los huesos; por eso ella pelea ferozmente... ¿o será que no es así?

¿SERÁ QUE LE GUSTAN LOS HUESOS A LOS PERROS?

Honestamente, a los perros no les gustan los huesos. A los perros les gusta el bistec, pero nosotros les damos los huesos. Si Luppy pudiera cambiar los roles con su mirada —con esa mirada viciosa que se apodera de ella cuando hay un hueso a la vista— ella se quedaría con la carne y me daría a mí el hueso. ¡Ella me trataría a mí como un perro y al fin conseguiría lo que desea!

Eso es lo que muchos de nosotros hacemos: vivimos de los huesos que nos tira la vida. Nos hemos conformado con las sobras. Hemos estado sobreviviendo de las sobras que nos tiran. En este día quiero animarte: no vivas más una vida de "sobras" donde ocasionalmente sueñas con comer un buen "bistec" —una familia feliz, la casa de tus sueños, una vida aventurera y divertida, o las vacaciones de tus sueños—.

Todos deseamos esa vida. La miramos a distancia, pero no sabemos exactamente cómo alcanzarla. Pero eso cambia *hoy*. Nuestras metas no serán "sobras"; trazaremos metas superiores y comeremos de la mesa que Dios preparó para nosotros.

La Biblia dice que hasta los perros comen las migajas que caen de la mesa de sus amos (Mateo 15:27). Pero amigo, ¡tú no eres un perro! ¡Tú eres mucho más!

MÁS DE LO QUE PODEMOS IMAGINAR

Recuerdo hace diez años cuando estábamos en busca de un edificio para el segundo campus de nuestra iglesia. Mi esposo y yo pastoreamos una iglesia con seis sedes en dos estados. Hoy en día, cualquiera diría que somos expertos en manejar una iglesia multi sitio y multi estado, pero en ese entonces, ese edificio sería el primer local de nuestra expansión. En diciembre de 2007, no conocíamos a nadie que estuviera haciendo lo mismo.

Estábamos simplemente mirando edificios. (Para serte más honesta, estábamos soñando porque no teníamos la menor idea de cómo podríamos costear algo así). Visitamos un edificio de 125,000 pies cuadrados que había sido evaluado en 19 millones de dólares americanos. El edificio solía ser un Sam's club y había sido rediseñado para ser un centro de conferencias.

El edificio había sido completamente remodelado con los mejores materiales: mármol, madera de cerezo, baños de acero inoxidable, todo automatizado, unidades de aire acondicionado nuevas, pintura fresca… ¡todo a la moda! El negocio había sido embargado y el banco estaba pidiendo 6.3 millones de dólares americanos.

No teníamos idea de cómo podríamos costear el pago de un préstamo como ese, aunque la mayor parte del trabajo ya había sido hecho. Así que hicimos lo que cualquier pastor razonable haría: buscamos algo más accesible. Tan solo a una milla de ese edificio estaba nuestro Ismael: una tienda K-mart que hacía más de una década que había sido abandonada. ¡Ese edificio necesitaba mucho trabajo! Cuando llovía afuera, también llovía *adentro* y se llenaba de charcos. El aire acondicionado no funcionaba y estoy segura que todo estaba cubierto en moho. Pero el estacionamiento era grande (aunque necesitaba ser completamente pavimentado). Y estaban pidiendo tan solo 4 millones de dólares americanos. Eso era mucho más accesible para nosotros. Necesitaríamos un par de millones más para remodelarlo, pero tendríamos el tiempo para conseguir el dinero.

Decidimos llevar a nuestro equipo de liderazgo a mirar ambos edificios. El edificio lindo ya estaba bajo contrato y ni siquiera estaba disponible. Estábamos simplemente soñando y considerando las posibilidades. Hablamos de cómo no podíamos costear un edificio como ese (la empresa que había sido embargada había gastado 14 millones más para remodelarlo, aparte de las características originales que distinguían al lugar). Pensamos, *"No hay nada que podamos hacer y, al fin y al cabo, quizás el otro edificio no esté tan mal"*. Uno de los líderes que conocíamos hace mucho tiempo nos miró a David y a mí y nos dijo,

> *"Dios no te mostraría un bistec*
> *para luego darte una salchicha".*

Nosotros nos reímos y reanudamos los planes que teníamos para ese día. Un par de semanas después recibimos una llamada del banco. La gente que había puesto la oferta en ese edificio no tenía la capacidad financiera para cerrar el trato. Si nosotros podíamos conseguir una carta de compromiso financiero del banco y cerrar el trato, el edificio sería nuestro. Calculamos los números, hicimos todo tipo de cuenta, pero una y otra vez llegábamos a la misma conclusión: no nos podíamos dar el lujo de un bistec; nos alcanzaba solo para salchichas.

Amigo y amiga, no puedes olvidarte de esto: sirves a aquel que es poderoso para hacer todas las cosas mucho más abundantemente de lo que *pides* (mi capacidad de pedir es grande), *piensas* (pienso constantemente), o *imaginas* (y mis sueños llegan al espacio). La fe comienza donde nuestra habilidad termina (esa declaración es de mi libro *Hola Dios, soy yo otra vez*) y sin fe, es *imposible* agradar a Dios.

Palabras de verdad tomadas de la Biblia para enfatizar lo siguiente: quedarte en tu casa con un sueño pequeño no es lo que hace feliz a Dios (y no debería hacerte feliz a ti tampoco). Él quiere que des el paso y camines sobre el agua. Si intentas hacer lo que en tus propias fuerzas sería imposible y das un paso de fe, no habrá huesos para ti; no habrá salchichas; habrá *bistec*.

El último día del plazo de dos semanas que nos dieron para tomar una decisión, recibimos una llamada del banco informándonos que nos financiarían. Caímos postrados al piso y lloramos y gritamos, nos reímos y luego lloramos un poco más.

¡Y lo demás es historia!

NO MÁS SALCHICHAS

Puede que no sepas cómo comer tu primer bocado de un bistec. Yo estoy aquí para guiarte, paso a paso, y llevarte de "Ni siquiera sé cuál es mi sueño" a cumplir cada punto en tu lista de objetivos... *dentro de los próximos doce meses.*

Quizás ya lo hayas intentado antes, pero fracasaste. ¡Eso es algo bueno! Ahora sabes qué *no* debes hacer. Estoy aquí para explicarte algunos de esos fracasos y darte métodos, consejos, trucos y animarte para que tengas éxito. Puede que en previas ocasiones te hayas aburrido, distraído o perdido tu rumbo, pero yo te mostraré los métodos y las herramientas para que puedas eliminar todo lo que viene a robarte tus sueños.

Y este punto es mi favorito: quizás pienses que no lo mereces, quizás te que digas a ti mismo a ti misma: "Alguien como yo nunca podría tener algo así...". Estás hablando con una chica que pasó un tercio de su vida en el campo y en caminos de grava. Encima de eso, nací en otro país y fui adoptada; fui violada y acosada sexualmente; fui víctima de violencia doméstica, víctima de abuso físico, mental y emocional por mi ex esposo drogadicto.

Sin embargo, de alguna manera, Dios decidió usar a alguien "como yo". Él usa lo necio del mundo para avergonzar a los sabios (1 Corintios 1:27). Este puede ser tú pasaje bíblico, si tú quieres. Yo concluí que, si un burro en la Biblia habló, también puedo hacerlo yo. Dios puede usar a cualquier persona que Él quiera usar. De esa manera, nosotros no nos llevamos la gloria sino ¡se la damos a Él!

Si vives con una mentalidad pequeña te quedarás exactamente donde el enemigo te quiere. Hay fuerzas espirituales que tus ojos no ven que procuran impedirte que sueñes. Es tiempo de liberar esos sueños y, más importante aún, te daremos cinco pasos que te llevarán a tener éxito.

CINCO PASOS PRÁCTICOS

El propósito de estos pasos no es solo ayudarte a soñar otra vez sino ayudarte a poseer el sueño que Dios ha depositado en tu corazón. No es solo tuyo; Dios lo puso en tu corazón y ahora estoy yo aquí para extraerlo. Estos cinco pasos son tan fáciles y prácticos que un niño en la escuela primaria podría seguirlos efectivamente.

Vas a *fijar* —y vas a *cumplir*— tus metas y objetivos.
- No veo la hora que *fijes* tu visión.
- Formularemos un plan de acción para ayudarte a *dar el primer paso*.
- Te mostraré el camino para obtener resultados, a medida que mantengas tu compromiso y ¡así lograrás más objetivos que nunca!
- Y —esta es mi parte favorita y la que usualmente es pasada por alto— dedicaremos tiempo a la felicidad y la celebración de los pequeños logros rumbo a tus sueños.

Este programa no es difícil. De hecho, ¡es extraordinariamente fácil!

Te demostraré, usando la ciencia, que para vivir una vida diferente el próximo año, necesitas hacer planes. Si usas este programa, ¡serás verdaderamente un cumplir de objetivos!

¡Dios quiere desatar tu potencial!

El Señor Todopoderoso te llama a cumplir tu propósito.
Mi Padre y mi Redentor te invita a que des un paso.
El Creador del universo está orando que digas *sí*.
Los ojos de Dios recorren toda la tierra buscando a quién bendecir.

DI EN VOZ ALTA: (dilo en voz alta y asume el compromiso):

¡Ese (o esa) soy yo!
Estoy dispuesto (o dispuesta).
Tengo la capacidad de aprender.

Le doy la bienvenida al cambio.
Voy a soñar a lo grande.
Verdaderamente *hay* más para mí.
Yo lo creeré.
Lo perseguiré.
Me mantendré en el camino.
¡Empiezo *hoy*!

UNA BENDICIÓN SOBRE TUS SUEÑOS

Padre Celestial,

En el nombre de Jesús, te pido por cada uno de mis amigos. Jeremías 29:11 dice, "Pues yo sé los planes que tengo para ustedes—dice el Señor—. Son planes para lo bueno y no para lo malo, para darles un futuro y una esperanza". La Biblia dice, "Te conocía aun antes de haberte formado en el vientre de tu madre; antes de que nacieras, te aparté y te nombré mi profeta a las naciones" (NTV).

Dios, yo oro por ese llamado en la vida de cada persona que está leyendo este libro; que ellos puedan escuchar tu voz en sus propios corazones en este momento. Extrae el sueño que llevan adentro. Gracias, Dios, por conectarnos hoy. ¡Gracias por la capacidad de soñar otra vez!

¿Estás listo o lista para dejar de vivir de las sobras, de los huesos?
¿Suena rico un bistec? (Para mis amigos vegetarianos,
tómenlo metafóricamente).
¿Estás listo o lista para ir más allá de trazar tus metas y alcanzarlas?
¿Estás listo o lista para tomar los sueños que has escrito en un papel y hacerlos realidad?
Entonces toma un lápiz y papel, haz a un lado los pensamientos "salchicha" y da vuelta la hoja. No hay tiempo como el presente.

¡Manos a la obra!

Paso uno:
FÍJALO Y ALCÁNZALO: CÓMO SOÑAR Y TRAZAR TUS OBJETIVOS

COMIENZA AQUÍ...

Para comenzar, necesito que te hagas una pregunta. Escribe tu respuesta –quizás en tu cuaderno personal o la guía de estudio que acompaña este libro, porque *si tienes en claro tu visión, entonces tendrás claridad en tu vida.* Hazte la siguiente pregunta:

¿Qué tendría que acontecer para que este año fuera el mejor año de tu vida?

¿Sería comenzar tu propia empresa? ¿Sería ver realizado el sueño de tener un bebé? Quizás sería pagar tus deudas o préstamos hipotecarios. O tal vez sería recibir una promoción o ascenso. ¿Sería finalmente pagar todas tus tarjetas de crédito? ¿O acaso tu sueño es comprarte el carro de tus sueños? ¿O ese profundo anhelo de conocer a la persona por quien has estado esperando? Tal vez sea finalmente escribir un libro, o no tener cargas financieras y poder ayudar a otras personas del mundo.

¿Qué tendría que acontecer para que este año fuera el mejor año de tu vida? Esa es la pregunta que contestaremos al trazar nuestras metas y fijar nuestros objetivos.

Lo primero es hacernos esa pregunta y escribir nuestros sueños. Luego, damos un paso que afirme que no vamos a derrochar nuestro tiempo persiguiendo el camino incorrecto: nos detenemos y oramos. Nos tomamos un momento –ahora mismo, al terminar de escribir nuestros sueños— para consultar con el ser más sabio que jamás haya existido: Dios, quien nos creó con un propósito y llamado. El hombre traza sus propios planes. Nosotros podemos hacer cualquier plan que queramos, pero Dios dirige nuestros pasos.

¿Alguna vez te has sentido como si estuvieras deambulando por la vida y te topaste accidentalmente con una gran oportunidad? O quizás te sientes como que estás derrochando el tiempo y tu esfuerzo en proyectos que captan tu atención por un par de semanas o meses, pero terminas dándote por vencido o vencida y los dejas por la mitad y almacenados en algún disco duro o alguna caja por ahí. Yo me he sentido así. Enserio. ¡Lo creas o no, todos nos sentimos así a veces! Pareciera que, no importa cuán listos estemos para nuestros emprendimientos o para la vida en general, todos nos desviamos del camino un poquito.

¿Eres un buen conductor? Seguramente piensas que sí lo eres. Todos *pensamos* que somos buenos conductores... incluyendo al chico que está actualizando su estado en Facebook mientras acelera en la autopista a 65 millas por hora, dando volantazos como si estuviera ebrio. Se nos hace fácil juzgarlo. Pero mientras nosotros manejamos, contestamos el celular, cambiamos la estación de radio, tomamos nuestro café y le tocamos la bocina y gritamos "¡Inútil!" al pobre hombre que casi nos chocó porque se desvió de su carril... ¡y ahora nosotros estamos haciendo exactamente lo mismo!

Todos nos desviamos del camino un poco

La voz de Dios es lo que nos mantendrá en el camino correcto que nos lleva a nuestro destino y la bendición de Dios. Pero su camino no siempre es lo que pensamos que sería.

> *"Porque mis pensamientos no son los de ustedes, ni sus caminos son los míos —afirma el Señor—. Mis caminos y mis pensamientos son más altos que los de ustedes; ¡más altos que los cielos sobre la tierra!".*
> —Isaías 55:8-9 (NVI).

Nosotros no pensamos como Dios piensa. Nuestras ideas no son como las de Dios. Dios puede ver el fin desde el principio. No somos premiados por nuestras intenciones; somos recompensados por nuestro cumplimiento. ¡Dios está esperando que actuemos!

> *"Si nos estamos preparando sin involucrar a Dios, puede que nos estemos preparando para las cosas incorrectas".*
> —tomado de *Hola Dios, una cosa más*

Necesitamos involucrar a Dios en cada parte de nuestro plan. "Cada parte" incluye examinar dónde estamos, identificar nuestras metas y nuestros objetivos y planificar cómo los lograremos. Luego, es necesario que oremos y planifiquemos y tomemos en cuenta el llamado de Dios en nuestras vidas.

> *"Toma en cuenta a Dios en todas tus acciones, y él te ayudará en todo".*
> —Proverbios 3:6 (TLA).

Necesitamos decir, "Bueno Dios, esto es lo que yo quiero hacer. ¿Qué piensas?". Debemos consultar con Él y asegurarnos que sea su voluntad y pedirle que nos guíe con su paz o discernimiento en nuestros corazones. ¿Por qué? Porque, aparte de evitar que te quedes patinando y estancando, la realidad es que fuera de la voluntad de Dios para tu vida, terminarás con lepra. Si no sabes a qué me refiero, pregúntale a Guehazí. Así es como se le pegó la lepra a él.

Guehazí tenía un plan para engrandecerse *afuera de su llamado*. Él deseaba ser como Eliseo, el jefe a cargo. Sin embargo, él era el segundo al mando. Él estaba siendo preparado para algo grande, pero se estaba tomando demasiado tiempo. Por lo tanto, Guehazí mintió sobre su identidad y sobre lo que hacía, y así consiguió lo que él pensaba que quería.

Eliseo se reunió con un hombre que le trajo obsequios, pero Eliseo lo dejó ir sin aceptar nada de lo que le trajo, pero Guehazí quería sus riquezas. Sin el consentimiento de Eliseo, Guehazí corrió tras el hombre, y tomó la ropa del leproso que no debía tomar.

La lepra estaba en la ropa que él se puso y se contaminó con ella. (Lee 2 Reyes 5:20-27 para conocer más sobre la historia). La lepra está afuera de tu llamado. Dios nunca dice "no" para retenerte de algo a menos que sea algo que Él sabe que *no es bueno para ti*.

Así que nos hicimos la pregunta: ¿Qué tendría que acontecer para que este año fuera el mejor año de tu vida? Y luego necesitamos consultar con Dios. Una vez hagamos eso, entonces podremos anotar nuestros objetivos.

ESCRÍBELO

Si tienes en claro tu visión, entonces tendrás claridad en tu vida.

Quiero pedirte que anotes algunas cosas a medida que lees este libro.

Yo siempre digo que vale más tener un lápiz corto que una memoria larga. Escuché una estadística que dice que, si no escribimos un pensamiento, dentro de los primeros 37 segundos, lo perdemos con la primera interrupción que surja –el timbre de la puerta, el primer mensaje de texto, la ardilla en la ventana, la alarma de la secadora... — entiendes lo que quiero decir. Los estudios sobre la memoria de la gente muestran que dentro de la primera hora –60 breves minutos— le gente se olvida el 50 por ciento de la información que acaban de recibir. Dentro de las primeras 24 horas, se olvidan 70 por ciento de la información nueva que adquirieron. Dentro de la semana, usualmente el 90 por ciento de la información nueva adquirida es olvidada para siempre. ¡No pierdas tu tiempo! Es lo más precioso.[1] Así que, nunca leas un ejercicio y digas,

---

1 Kohn, "Brain Science: The Forgetting Curve–the Dirty Secret of Corporate Training," [La curva del olvido: el secreto oscuro del entrenamiento corpo-

"Lo hago en otro momento". No lo harás. Si tienes en claro tu visión, entonces tendrás claridad en tu vida. Así que obtengamos claridad y escribámoslo.

¿Dónde lo escribes? Esa es la próxima pregunta, ¿verdad? ¡Prepárate! Yo sugiero un cuaderno o *mi guía de estudio para cumplidores de objetivos*. Tengo algunos recursos gratuitos en mi página web que puedes descargar. Para descargarlos, visita *NicoleCrank.com*. Por lo menos busca algún cuaderno, o hasta puedes escribir en los márgenes de este libro. Pero hoy vamos a hacer las cosas un poco diferente: un cambio marginal para obtener una ganancia máxima.

Este libro no es pasivo sino activo. Lee, haz una pausa, y escribe. No apresures el proceso. ¿Por qué? Porque te estoy guiando con propósito, independientemente de tu pasado. Tu pasado no determina tu futuro. No pienses en el año pasado, ese capítulo ya se cerró. No pienses en el mes pasado; ya dimos vuelta la hoja. Lo que dijeron de ti, las limitaciones que impusiste sobre ti mismo, esa ancla que te sujeta y te retiene...

No, no, no. Eso se termina hoy.

El Top 3 por ciento

¿Qué tiene de importante el día de hoy? *Hoy* es el día en que te comprometes a escribir tus objetivos y dirigirte hacia tu futuro. Quiero compartirte un dato que te dejará boquiabierta: En un estudio dirigido por el doctor Gale Matthews, se descubrió que *el simple hecho de escribir tus objetivos aumenta tu posibilidad de alcanzar tus objetivos por un 42 por ciento*.

Básicamente, con el simple hecho de escribirlos has hecho casi la mitad del trabajo. Así que toma el papel y lápiz. No saques tu computadora. ¡Busca algunos materiales para escribir si necesitas hacerlo! El proceso de escribirlo es un compromiso mental que te ayuda a realizarlo.

rativo] Learning Solutions, https://learningsolutionsmag.com/articles/1379/brain-science-the-forgetting-curvethe-dirty-secret-of-corporate-training

Pero no vamos a solamente escribir nuestras metas y nuestros objetivos; vamos a *cumplirlos*. Y no te preocupes, yo voy a ayudarte con lo que necesitas escribir *exactamente* y cómo escribirlo para alcanzarlo. Entiendes que vas a alcanzarlo, ¿verdad? No eres la persona que solías ser.

Las verdades que este libro contiene no son difíciles y no requieren demasiado tiempo. En realidad, son pequeños ajustes que te llevarán a las cumbres más altas. Cumbres que te llevarán a la cima. Y en este momento estás rumbo a ello. ¿Sabías que el 97 por ciento de los norteamericanos no escriben sus metas y objetivos? Puedes adelantarte al 97 por ciento de las personas en el mundo si te comprometes a escribir tus metas y objetivos en un papel. ¡Con el simple hecho de escribirlos, formarás parte del top 3 por ciento de las personas! Felicidades, estás a punto de subir de escalón.

La escuela de negocios de Harvard hizo un estudio sobre sus egresados. (No te desconectes si tú no fuiste a una escuela de Ivy League. ¡Yo tampoco fui a Harvard! Tenemos algo en común, tú y yo, ¿verdad? La mayoría de nosotros estamos agradecidos de por lo menos habernos graduado del secundario. JAJAJA Si ese eres tú, ¡yo te entiendo!). El estudio que dirigió la universidad observó a dicho grupo de estudiantes comenzando en sus años de estudio e incluyó sus años de carrera profesional.

Al final del estudio, registraron algunos separadores fenomenales. Los tres mejores egresados en el estudio –según poder, influencia y mayor ganancia económica— tenían *una* cosa en común: habían escrito sus metas y objetivos. El resto de los egresados de Harvard no consiguieron un éxito creciente; ninguno de ellos se molestó en escribir sus metas y objetivos. Aun su educación prestigiosa no les dio la ventaja que te da el tomarte el tiempo y enfocarte en escribir tus metas y objetivos.

Quizás estés pensando:
¡Pero está bien porque yo no fui a Harvard!

Dios no quiere que te quedes estancado en el mismo lugar donde empezaste. Tu código postal, educación –o la falta de— no determinan tu futuro. Tú estás aquí con un propósito. Fuiste creado por una razón. Dios te necesitaba en esta tierra y puede usarte y cumplir el destino que Él diseñó para ti. Dios no creó basura. Él te hizo y tiene una buena idea de dónde quiere llevarte. Nosotros, por otro lado, simplemente tenemos cosas que nos han impedido llegar a nuestro destino. No es la falta de educación (ni otra cosa) que te ha estado reteniendo. Ya estás rompiendo las barreras.

En el mismo estudio que dirigió la escuela de negocios de Harvard sobre sus egresados, los investigadores descubrieron que, después de haber adquirido las credenciales y conexiones claves para tener éxito, tres de esos egresados de Harvard estaban desempleados y *homeless* (sin hogar). Permíteme enfatizar el mensaje central aquí: se graduaron de la escuela de negocios de Harvard, y no pudieron conseguir un trabajo y estaban viviendo en la calle. Permíteme hacerte una pregunta: ¿tienes un lugar donde vivir? ¿Tienes un trabajo al cual reportarte? Entonces, técnicamente, estás viviendo mejor que algún egresado de Harvard.

Dios puede usar a cualquiera –y por si te lo estás preguntando, sí, eso te incluye a ti también—. Él (Dios) mandó a una chica loca como yo a que escribiera este libro para ti, para animarte a que te conviertas en todo lo que Dios te ha llamado a ser. ¿Y sabes qué? Yo no fui a la escuela de negocios de Harvard tampoco, pero eso no me detiene. Yo estoy en el top 3 por ciento porque he escrito mis metas y objetivos.

Y tú también. El hecho que los estés escribiendo ahora, automáticamente pasas a formar parte del top 3 por ciento de la gente en Norteamérica. ¡Felicidades! Buscar el papel, un lápiz, tomarte el tiempo de escuchar y tomar medidas te acaba de ubicar en un buen lugar y rodear de buena compañía.

Estás en buena compañía

Hace poco estaba leyendo sobre un hombre que fue invitado a la casa de Will Smith. El hombre invitado entró a una casa grande, hermosa, con paredes de vidrio. Pero no podía ver a través de las paredes porque la vista estaba bloqueada con un montón de papelitos. "¿Qué son esos papelitos?", le preguntó el hombre a Will.

Había notas y papelitos por todas partes. Will le sonrió y le contestó, "*Esa* es mi nueva película". No parecía ser una película; era básicamente un desorden. "Permíteme explicarte la historia", dijo el visionario. Le explicó que era importante tener buenos personajes, pero también tenía que haber villanos. No puedes dejarle a la gente ver el final desde el comienzo, y es por eso que necesitas un giro inesperado en la trama. Necesitas tener altibajos y emociones dinámicas para lograr que la gente sienta algo y con eso una historia que desarrolle la trama.

Su invitado estaba boquiabierto. Todo era tan confuso que se preguntó, "¿Dónde comienzas con algo así?".

Will sonrió aún más grande.

"Es fácil. Comienzas al final y luego formulas y escribes un plan de cómo llegar allí".

Will Smith comienza cada una de sus películas con el final en mente: *la meta*. Lo que tú estás escribiendo hoy es tu meta, tu historia, y eso es lo que dictará el comienzo de tu plan para llegar a ese final.

"Una meta bien fijada ya está parcialmente alcanzada".
—Zig Ziglar

No te metas conmigo

Cuando sabes hacia dónde te diriges, la gente tiende a salirse de tu camino, quieran o no.

Hubo un evento titulado "Night of Hope" en un estadio de baseball profesional. Mi esposo David y yo estábamos en la cancha junto a Joel y Victoria Osteen. El estadio estaba lleno. Después del evento, me puse a hablar con otras personas y perdí noción del tiempo. De repente alcé mi mirada y noté que todos ya se habían ido. A lo lejos vi a unas personas que nos habían acompañado a nuestro asiento y vi que se dirigían hacia la salida así que tomé mis cosas y rápidamente me encaminé en esa dirección. No sabía hacia dónde me dirigía, simplemente estaba siguiéndolos. Pensé que ellos se dirigían al mismo lugar donde yo debía estar.

Ellos dieron algunas vueltas y pasaron por algunos puntos de seguridad y yo los seguí. Caminaban súper rápido y finalmente llegaron a una puerta y la cruzaron. Cuando yo llegué a la puerta, había un hombre grande y musculoso parado frente a ella. Podía ver que tenía un pequeño auricular en su oído y me hizo una mueca. Yo simplemente lo miré con una mirada de urgencia y procedí a cruzar la puerta por su lado. El hombre no me dijo nada en absoluto.

Subí las escaleras y dando la vuelta, en la esquina, vi que las personas a quienes venía siguiendo cruzaban otra puerta así que me apuré y encaré para la segunda puerta. Allí había otro guardia, parado casi al frente de la puerta, intimidante y con ropa y equipo de seguridad. No quería perderme así que pasé por su lado y abrí la puerta. Fue allí cuando me di cuenta que había entrado al camerino privado de Joel y Victoria. ¡Ups!

¡Menos mal que todos estaban vestidos!

Ellos actuaron como si nada había pasado, mientras yo retrocedía y no sabía cómo disculparme. De lo contrario, ¡me hubiera visto como una acosadora! En todo esto, el pensamiento que se me cruzaba por la mente era *¡Alguien necesita hacer mejor su trabajo!* Había cruzado tres hombres de seguridad que deberían haberme detenido. Yo no tenía idea de qué hacía y a dónde verdaderamente me dirigía; estaba enfocada en llegar al mismo destino que esas personas.

Probablemente mi mirada decía "*No te metas conmigo, soy una mujer con una misión*". Pero la realidad es que no tenía ni idea del destino. En realidad, estaba perdida. Si estamos convencidos que estamos en el camino correcto y que tenemos el derecho de estar allí, la gente se hará a un lado. Las personas que deben detenernos, no lo harán. Si nos sentimos "menos", o que estamos vagando sin rumbo, nos detendrán. Pero nosotros no estamos vagando; estamos escribiendo nuestras metas y objetivos y yendo en pos de ellos.

Escribe esto: *No te metas conmigo; voy camino a algo bueno.*

Dios quiere llevarte más allá de algo bueno; Él quiere llevarte a algo *grandioso.* Él quiere que te despojes de todo lo que el mundo te ha dicho que no puedes hacer y lo que la gente incorrecta te ha dicho para desanimarte. Es tiempo de despojarte de los errores que has cometido en el pasado, quitarte las escamas de los ojos y mirar todo a través de los binoculares de la fe.

No podemos ver el futuro de la misma manera en que miramos lo natural. Necesitamos mirarlo con ojos de fe. Necesitamos desarrollar nuestra imaginación para ver más allá de lo que podemos pedir, pensar o imaginar. Necesitamos una imaginación que sea del tamaño de Dios. Al fin y al cabo, si podemos hacerlo por nuestras propias fuerzas, ¡significa que nuestros sueños no son lo suficientemente grandes!

¿POR QUÉ ME SIENTO ASÍ?

Yo sé que estás listo o lista para empezar a escribir, pero quiero primero prepararte para los sentimientos que te inundarán.

A medida que comiences a escribir tus metas y objetivos, quizás empieces a sentir algo diferente porque ha sido científicamente comprobado que el acto de escribir tus metas eleva tu ritmo cardíaco. Una motivación tan fundamental que es biológica. Nuestro ritmo cardíaco aumenta de una forma positiva. ¿Por qué? Porque tu espíritu comienza a emocionarse y la vida que hay dentro de ti comienza a brotar hacia afuera.

No mires al pasado para determinar las posibilidades de tu futuro.

No mires a las circunstancias para decidir los parámetros de tu presente. Pon atención al entusiasmo que surge dentro de ti.

J.C. Penney, un buen hombre cristiano, solía decir, "Dame un ayudante de inventario que tenga un objetivo y te mostraré un hombre que hará historia. Pero si me das un hombre que no tiene ningún objetivo, entonces te mostraré tan solo un ayudante de inventario". Me encanta esa frase porque comprueba que no importa dónde comiences, lo que importa es que *comiences*. No importa qué te haya ocurrido. No importa qué haya ocurrido por tu culpa. No importa en qué código postal vivas. No importa si terminaste el secundario o no. No importa si fuiste aceptado o no a la universidad. No importa si alguien te abandonó, te traicionó, o si te pasaron por alto o no te consideraron para una promoción. Pon atención a mis palabras: *no* importante dónde comiences. No puedes cambiar tu punto de destino en tan sólo un día, pero sí puedes cambiar tu rumbo. Eso es lo que haremos.

Hoy cambiaremos tu rumbo.

PREPÁRATE, LISTO, CEBA LA BOMBA

Estoy a punto de darte instrucciones que te tomarán *tres minutos* y te ayudarán a estructurar la mejor parte de tu vida. Pero antes de proseguir, voy a tener que ayudarte a cebar la bomba de tus sueños.

Me encanta observar a los pequeños. Ellos solo operan en la esfera de *puedo* y *lo haré*. Crecer y ser Superman no es algo inalcanzable para ellos.

Recuerdo que hubo un tiempo en mi vida en el que soñaba con ser una estrella de Broadway. Pero el problema con eso era que Broadway busca chicas que sean por lo menos cinco pies de altas. Necesitan chicas que sean menudas y lindas para acentuar que los hombres son grandes y masculinos. Yo mido cinco pies con once pulgadas; no hay nada pequeño de mí. Por otro lado, es importante que sepas cantar, pero de eso, ni hablar. Yo creo que fue más la altura lo que no me ayudaba.

Cuando era pequeña, a menudo pasábamos las fiestas en casa de mi abuela. Como ella no tenía juguetes, terminábamos siempre en el sótano. Cuando yo digo "el sótano de mi abuela", ¿cuántos de ustedes se imaginan un olor peculiar? Pues, es real. Pero eso nunca me detuvo; *era tan aburrido estar allí que estaba dispuesta a hacer lo que fuera.* Era mi gran oportunidad de producir mi propio espectáculo de Broadway. Recluté a mis primos y decidí que haríamos el espectáculo de *The Sound of Music.* ¡Sería algo increíble!

Yo asigné cada uno de los roles: "Tú vas a ser la monja. Tú vas a ser el capitán Van Trapp. Ustedes van a ser los niños y vamos a cantar. ¡El sótano de la abuela va a resonar con el sonido de la música!".

Invitamos a nuestros padres a que descendieran al sótano y los forzamos a que soportaran, quiero decir disfrutaran, el fruto de nuestro ensayo de 60-90 minutos. Hicimos todo un montaje y una presentación especial. En mi mente todo eran fantástico, porque mi imaginación aún estaba intacta.

Para llegar a serlo, primero tienes que verlo. Hoy en día, si me pones en el mismo sótano y me dices que haga una presentación de *"The Sound of Music"*, lo vería como un castigo cruel. Simplemente no lo haría. Pero cuando era pequeña, nada podía detenerme.

Debemos tener fe como un niño. Debemos ver más allá de las circunstancias. Eso es lo que Dios pide de nosotros. Genesis 11:6 dice, "Ahora nada les impedirá hacer lo que quieran". Dios dice, "Si usas tu imaginación –si puedes verlo, si puedes concretarlo, si puedes plasmarlo— entonces Yo puedo hacerlo realidad".

Pero nunca podremos salir de donde estamos a menos que podamos visualizar a dónde queremos ir.

¡Y a eso le llamamos una meta!

Una meta es como un destino

Si yo te llamara y te pidiera que me acompañes en un viaje en auto, y te dijera que paso a buscarte en 15 minutos, tu querrías saber a dónde vamos, ¿verdad? Necesitarías saber qué debes empacar. ¿Vamos a esquiar en la nieve? ¿Vamos a la playa? ¿Vamos a una conferencia?

¿Y qué si manejáramos por una hora sin determinar nuestro destino, para luego decidir que queremos ir a la playa, que está en la dirección completamente opuesta? Habríamos desperdiciado nuestro tiempo y nuestra energía, y no habríamos empacado lo necesario para el viaje.

Eso es lo que sucede cuando no tenemos una meta, cuando no sabemos a dónde nos dirigimos. Desperdiciamos mucho tiempo en el camino incorrecto y no estamos preparados para lo que nos espera una vez lleguemos allí. Necesitamos saber a dónde nos dirigimos. Aquí no hacemos planes pequeños.

¡Vamos!

ASÍ COMIENZA

Si la magnitud de nuestros sueños no nos asusta un poco, entonces puede que estemos caminando por lo que vemos y no por fe. La oportunidad que tenemos es grande… ¡*mucho más grande* de lo que pensamos! Esto está a punto de ponerse rápido y furioso. ¿Tienes tu bolígrafo y un papel listos? ¿Está tu imaginación activa y tu bomba de sueños lista? Muy bien. Escribamos tus metas.

A continuación, quiero darte algunas pautas para ayudarte a alcanzar tus sueños:

Escribe entre 7 A 10 metas

¿Por qué? En el pasado, he trazado 10 metas espirituales, 10 metas financieras, 10 metas personales y quizás 10 metas relacionales. Definitivamente he trazado 10 metas vacacionales, 10 metas para mis hijos, 10 metas para mi perro, y 10 metas para mi plan. He trazado metas así antes. Pero mis fracasos eran más que mis logros y terminaba sintiéndome fracasada en vez de realizada.

Desde entonces, he leído sobre estudios e investigaciones y he llegado a la conclusión que muchas personas se sienten así. Dividimos nuestro enfoque, erramos el tiro, y terminamos perdiendo impulso en vez de ganarlo. Hay un viejo refrán que dice, "Si persigues demasiados conejos, no atraparás ninguno". Hay estudios que sugieren que, si escribes entre siete a diez metas, te ayuda a restringir tu enfoque de manera que puedas alcanzar lo que está en tu corazón.

Es por eso que, si estás utilizando *la guía de estudio de "Cumplidores de objetivos"* o si estás utilizando las herramientas en mi página web, notarás que sólo hay siete líneas. No tienes que escribir diez metas u objetivos, pero quiero desafiarte a que por lo menos escribas siete.

Escribe tus metas rápidamente

Pon un temporizador de *tres* minutos.

Los estudios muestran que no debería tomarte más de tres minutos escribir tus metas y objetivos. Si te tomas más tiempo, te convencerás que no son posibles. Comenzamos a razonar y terminamos diciendo: "Bueno, nunca podría hacer *eso*...". Pensamientos como este se cruzan por nuestra mente: "Eso es demasiado ambicioso para alguien como yo", o "No sé cómo podría lograr algo así...".

No, no, no. ¡Tres minutos!

Quiero que escribas tus metas *ahora mismo*, mientras reflexionas en dos preguntas fundamentales: *¿qué debería acontecer para que yo tenga el mejor año de mi vida? Y Dios, ¿está bien contigo?*

¿Qué hay en tu corazón? Escríbelo. Pruébalo, ¿cómo se siente? Sé audaz. ¡Nadie podrá visualizarlo como tú! ¿Cómo se siente verlo en blanco y negro?

¿Es desafiante? ¿Da miedo? ¿Sientes paz en tu corazón, a pesar de que sea un desafío? Sin fe es imposible agradar a Dios. Yo no pregunté si puedes realizarlo sin la ayuda de Dios. Mi pregunta fue, cuando escuchas a tu mente y tu espíritu, ¿hay paz en tu interior? La Biblia dice que seremos guiados en paz, así que ¡aférrate a esa palabra!

O quizás tu respuesta sea, "No, me siento alterado". Bueno. Dios, vamos a hacer una pausa donde me siento alterada y no tengo paz en mi espíritu, y vamos a proceder con las metas que me dan paz.

Escríbelo en el presente

Para resumir lo que hemos hablado hasta ahora:

- Escribe sólo entre 7 a 10 metas.
- Escribe tus metas rápidamente.
- Y ahora, escribe tus metas *en el presente*.

2 Corintios 5:7 dice, "andamos por fe, no por vista". Estamos hablando por fe; nuestros pensamientos son pensamientos de fe; y eso rescata al corazón de la derrota y lo guía a la victoria una y otra vez. No hablamos de nuestras metas como si algún día pudieran suceder; hablamos de ellas y las damos por hecho.

Escribe las cosas como que si ya fueron hechas. Escribe declaraciones como las siguientes:

"Llegué a mi peso ideal (cualquier sea ese número para ti)".

"Mi casa está paga".
"Fui aceptada en (la universidad, el club, el trabajo)".
"Recibí la promoción. Tengo el título de…".

Vamos, asegúrate de escribirlo y escríbelo en el presente porque vas a necesitarlo.

¿Quién te crees que eres?

Cuando el camino se pone difícil, es importante que podamos usar las metas que escribimos como referencia y darlas por hecho. Eso ayuda a que nuestra mente lo acepte como una realidad. En Mateo 4, el diablo se acerca a Jesús con un propósito específico: tentarlo. "¿Quién te crees que eres, Jesús? ¿Por qué piensas que tienes tanto poder?". Si el diablo puede atacar a Jesús, entonces seguro que lo hará también contigo y desafiará tus metas y objetivos.

Igualmente te dirá "¿Quién te crees que eres? ¿Por qué piensas que tienes el derecho de hacer esto?". Necesitamos contestarle de la misma manera que Jesús le contestó en Mateo 4:4. La respuesta de Jesús nunca cambió, sin importar cuántas veces el enemigo le preguntara. Él le respondió con las mismas tres palabras una y otra vez.

Su respuesta fue: "Escrito está".

Mantén tu mirada fija en la meta para que le puedas decir al enemigo, "Esta es mi meta. Escrita está. Lo he consultado con Dios y Él me confirmó que este es mi rumbo. Yo sé bien quién soy. Sé a quién pertenezco. Soy hijo/hija del Dios Altísimo y sirvo a Jehová Jireh, mi Proveedor. Él es mi Padre Amado y cuando te metes con uno de sus hijos, su poder es desatado sobre ti".

Necesitas saber quién eres y a quién perteneces. Necesitas escribir la visión y grabarla claramente. Mantenla frente a ti. Cuando el enemigo venga a amenazarla, tendrás en claro tu curso.

Podemos seguir haciendo lo que hemos estado haciendo y obtener los resultados que siempre hemos obtenido… podemos seguir sintiéndonos insatisfechos, mirando al mundo a nuestro alrededor y preguntarnos por qué otros tienen éxito y nosotros no. *O podemos dar un giro.* Haz algo diferente. Da la vuelta. Esfuérzate un poco. Muévete. Piensa. Sé intencional. Todo comienza por escribir tus metas y objetivos como si estuvieras listo para comenzar.

Sé específico

Recuerda: Tener claridad en tu visión trae claridad en tu vida.

Eso funcionó para Oprah. Ella siempre supo que sería millonaria para sus 32 años de edad. No para los 35, ni para los 30 sino para los 32. Su ambición era ser la mujer de tez negra más adinerada en Norteamérica. Ella sabía exactamente cuál era su meta final, por eso fue tan específica en definir la edad y la posición. Diecinueve años después, llegó exactamente donde pensó que llegaría; justo a tiempo. Hay una diferencia entre tener una resolución y tener una meta.

Estábamos en una fiesta la víspera de año nuevo con algunos amigos y junto a nosotros se encontraba una pareja hermosa, joven y prometedora. Ella era estudiante de medicina y él era dueño de un restaurante y no me pude aguantar, tenía que preguntarles cuáles eran sus metas para el próximo año. ¡Eran jóvenes e inteligentes! Ellos dijeron cosas como "Oh, espero organizarme mejor. Voy a perder peso. Quiero tener más tiempo libre para invertir en mí mismo". Sus metas y objetivos eran poco estrictos y difícil de calcular. No había ninguna manera de medir el progreso o logro.

Ellos hicieron lo que todos hacemos: escogieron algunos de los objetivos más comunes que la gente en Norteamérica menciona cuando se les pregunta sobre sus objetivos.

La mayoría de las personas responde, "Me gustaría…"

- ahorrar dinero.
- salir de mis deudas.
- acercarme más a Dios.
- leer más.
- organizar mi casa.
- dejar de fumar.
- perder peso.
- pasar más tiempo con la familia.

¿Suenan esas respuestas como algo que dirías tú?

Vamos, seamos honestos. Nos ha pasado a todos. Son conversaciones de sobremesa o en una fiesta, pero no son objetivos sólidos. Son generalmente ambiguos y no son asequibles. Es por eso que no hemos alcanzado ninguno de esos objetivos y tendemos a darnos por vencido tan fácilmente. Nos predisponemos al fracaso. Es como la coartada de un hombre culpable: ambigua y vasta. Dichos objetivos son imposibles de medir. Entonces, ¿cómo sabrías si has ganado?

Seguramente te gusta ganar así que estamos estructurando tu pensamiento para ello. Vas a escribir entre siete a diez metas u objetivos específicos. No vas a simplemente guardarlos en tus pensamientos donde se perderán en el olvido. Vas a escribirlos porque eso le brindará claridad a tu sueño.

Por ejemplo, quizás tu deseo es trabajar con animales. ¿Pero qué *significa* eso? ¿Significa ser veterinario o ser una asistente de un veterinario? ¿Significa ser el encargado de un zoológico o ser guía de un safari? ¿Significa trabajar en un refugio de perros o *abrir* tu propio refugio para perros?

Este es el momento para aclarar. Escríbelo rápidamente; no te tomes más de tres minutos.

Trabajar con animales, ¿significaría mudarte a África, ir a la escuela veterinaria, o hacer trabajo voluntario en un refugio local? Todas esas opciones son bastante diferentes. A nadie le gusta disparar a ciegas. ¿A dónde quieres llegar? ¿Qué quieres hacer? ¿Cuál es tu sueño? Escríbelo y grábalo claramente.

Lo que te estoy diciendo no son ideas inventadas por mí; fueron ideas de Dios. Habacuc 2:2 dice, "Entonces el SEÑOR me respondió diciendo: —Escribe la visión y grábala claramente en tablas para que corra el que las lea" (LBLA). Escríbela donde puedas verla y sé específico. Quiero que digas lo siguiente en voz alta: "Voy a ser específico/a". Necesitas escucharte a ti mismo o a ti misma decirlo en voz alta.

¿Tienes alguna meta financiera? ¿Estás pensando en un crecimiento financiero? ¿Quieres tener más dinero en el banco? Bueno, en ese caso, ¿cuánto es "más"? ¿$5? ¿$500? ¿$5,000? ¿Deseas abrir una cuenta de ahorros con el fin de comprar una casa?

¿Vas a comenzar a invertir? ¿Vas a abrir una cuenta de crédito? ¿Vas a comprar un frasco y ponerlo en tu ropero para poner el cambio y billetes de un dólar? Seamos específicos al definir qué significa para ti un "aumento financiero" y así, sabrás cuando hayas logrado tu objetivo.

Quizás lo que tú quieres es perder peso (y se escuchó un fuerte "amén" seguido por "pásame el postre"). ¿Cuánto peso quieres perder? ¿Quieres perder 10 libras este año? ¿Sería eso un gran logro para ti? O quizás para ti signifique comenzar con perder tan solo 5 libras y cuando logres eso, celebrarlo. O quizás son 25 libras. Si no sabemos cuál es la meta final, ¿cómo sabremos cuando la hayamos alcanzado?

Sé específico al escribir tus metas y objetivos.

En los fundamentos de ventas te enseñan que seas *totalmente claro* en lo que ofreces a la gente. Cuanto más preciso seas, mejor será la respuesta de la gente. Hay un estudio que se llevó a cabo para calcular dichos resultados. Si dices algo como, "¿Tienes algunas monedas para gastar?" puedes esperar un 44% de respuestas afirmativas.

Si somos más específicos y preguntamos, "¿Tienes 25 centavos extra?", ¡la respuesta afirmativa aumenta a un 64 por ciento! Estamos hablando de un incremento de 50 por ciento. Cuando somos aún más específicos y preguntamos, "¿Tienes 37 centavos extra para gastar?", el estudio demuestra que 75 por ciento de las personas respondieron y participaron. Tres cuartos de las personas respondieron afirmativamente a la invitación.

Esto funciona para nosotros también. Cuanto más claros seamos con nosotros mismos, más responderemos a nuestras metas y nuestros objetivos.

> *"El problema de no tener un objetivo es que puedes pasar tu vida corriendo por el campo y nunca anotar un tanto".*
> —Bill Copeland

TU LISTA DE OBJETIVOS

¡Llegó el momento! Toma el bolígrafo en tu mano y pon un temporizador de *tres minutos*. Escribe tus metas específicas y en el presente.

¡Sueña a lo grande! ¡Este será el *mejor año de tu vida*!

MIS METAS/OBJETIVOS

1. _____

2. _____

3. _____

4. _____

5. _____

6. _____

7. _____

8. _____

9. _____

10. _____

"¡Eres un #CumplidorDeObjetivos!"

Paso dos:
DEFINE TU VISIÓN: CONVIERTE TUS SUEÑOS EN METAS

CONVIERTE TUS SUEÑOS EN METAS

Yo solía ser fanática de Dr. Seuss cuando era niña. Los libros *"Hop on Pop"* y *"Un Pez Dos Peces Pez Rojo Pez Azul"* eran algunos de mis favoritos. Encontré una frase que me recuerda al estilo de Dr. Seuss y pienso que es perfecta para este momento:

> *"Tu mente es un jardín; tus pensamientos semillas que siembras allí. Y flores o cizaña la cosecha te traerá".*

Un simple pensamiento, al igual que una sola gota de agua, no hará tu jardín florecer. Si piensas en tus metas y objetivos una sola vez y luego lo dejas en el olvido, no podrás disfrutar el fruto de tus logros. En este preciso momento, mientras escribo, hay una gran tormenta de verano. De hecho, yo estaba sentada afuera y podía ver a lo lejos las nubes que se acercaban y traerían lluvia. Cuando comenzó a llover, tuve que tomar mis cosas y entrar a la casa. ¿Por qué? Una sola gota de agua no me hubiera forzado a hacerlo, pero muchas gotas juntas… ¡eso sí que es poderoso! La fuerza de muchas gotas es lo que provocó que me moviera.

Escribir tus metas una sola vez y luego olvidarte de ellas es como una gota de agua. Pero muchos pensamientos (el efecto mental que tiene escribir tus metas y volver a visitarlas y repasarlas varias veces) crea una sinergia de muchas gotas que saturan y nutren el suelo del cual tu cosecha brotará. Yo sé que estoy utilizando similitudes aquí, pero lo que necesito que hagas es que tomes tu azada y comiences a trabajar. Este jardín no se plantará por sí solo y tu mamá tampoco lo hará por ti. ¡Tienes que hacerlo tú!

Lo bueno es que fuiste creado para hacerlo. Es tu sueño. Es el deseo que arde en *tu* corazón. Es tiempo de tomar estos sueños que has convertido en metas al próximo nivel. Vas a encaminarte hacia la realización de tus sueños. Estás en el proceso de hacer la mejor inversión de tu vida: en ti mismo. Warren Buffer dijo, "Cuando inviertes en ti mismo, recibes un retorno de 1,000 por ciento". Por eso, aunque nunca nos hayamos conocido, yo sé que es seguro creer en ti mismo y en lo que estás haciendo.

Vamos a definir tu visión. Vamos a escribirla claramente y vamos a correr con ella. Y ¡vamos a divertirnos!

CUANDO LA VISIÓN ES CLARA, HAY RESULTADOS

Tener claridad en tu visión trae claridad en tu vida.

¿Has visto los resultados que esperabas en tu vida? Asegurémonos que podamos verlo antes de serlo. Si nunca antes hemos tenido claridad, esa puede ser la razón por la cual aún no hemos visto resultados.

En cuarto grado, yo era alta para mi edad y siempre me tocaba sentarme en la parte de atrás del salón. Consecuentemente, no podía ver bien el pizarrón y me daban dolores de cabeza. Eventualmente me frustré. Mi mamá me llevó al optometrista y me dieron una prescripción para usar anteojos. Quisiera poder decirte que los anteojos me quedaban lindos y me hacían ver inteligente, pero la realidad es que me miraba como un nerd (pero al menos ahora sí podía ver bien el pizarrón). Los dolores de cabeza desaparecieron y podía hacer mi trabajo bien. Mi vida mejoró en muchas áreas simplemente porque ahora podía ver las cosas claramente. Ahora sabía qué hacer y cómo hacerlo.

La claridad es el producto de convertir nuestras metas en una visión a todo color e internalizarla.

Visualización

¿Has usado alguna vez el poder de la visualización?

Dios fue el primero en hacerlo. Él lo pensó, lo imaginó, habló y lo hizo realidad. Todo acontecimiento y emprendimiento en tu vida comienza primero en tu mente por medio de la visualización.

Los vendedores más exitosos utilizan la visualización. ¿Has ido alguna vez a un concesionario de autos y observado a los vendedores? Ellos preguntan cosas como, "¿Te imaginas conduciendo tú este auto?". A lo cual eventualmente tú respondes "Sí, definitivamente puedo imaginarlo". Lo cómico es que es probable que nunca antes hayas notado ese tipo de auto. Pero una vez que lo conduces y lo notas, de repente, ¡comienzas a verlos por todos lados!

Una de las capacidades de la visualización es que lo que está al borde del ámbito de las posibilidades puede cruzar a la realidad. Pasamos de ver las cosas en nuestra mente a verlas en el mundo tangible. Luego, de repente te encuentras parado en la calle mirando otra persona conducir el auto de tus sueños y pensando cómo podrías darte ese lujo. ¡Eso sí que es motivación!

Hace unos años atrás, había un hombre conduciendo con su amigo camino a Hawái. En el camino vieron la casa de Elvis Presley. El conductor le dijo a su amigo, "¡Imagínate vivir en una casa así!".

Su amigo le respondió, "La verdad que no puedo imaginar algo así".

A lo cual el amigo conductor, un hombre exitoso, le dijo, "Y nunca lo harás porque ¡no puedes ser algo que no puedes visualizar!".

Tu subconsciente tiene la capacidad de impulsar tu vida en la dirección de tus sueños a través del poder de la visualización. ¡Conviértete en la persona que puede visualizar el futuro con claridad! ¡Tienes que primero verlo para llegar a serlo! ¿Qué necesitas visualizar en este momento?

Tony Robbins dice que trazar metas es el primer paso en convertir lo invisible en lo visible. ¿A caso no suena eso como lo que dice 2 Corintios 5:7? "Porque andamos por fe, no por vista" (RVA-2015). Dios es el "gran gurú motivacional"; Él es el original. Él es quien lo empezó. Tony y otros expertos simplemente tomaron del conocimiento del Creador. Estamos básicamente tomando cosas del ámbito espiritual, el mundo invisible, y las estamos poniendo en el ámbito físico de la tierra para que podamos verlas de manera tangible.

No estés estático

Un pastor y amigo nuestro que forma parte de nuestra iglesia multi sitio vino a visitarnos y pasamos unos días juntos planificando el siguiente año de nuestra iglesia. El día que fui al mostrador del hotel Hyatt para pagar la factura de nuestro amigo que se estaba quedando allí, hablé con un muchacho llamado Zach y él me dio la factura correspondiente. Hablé con Zach un poco y cuando miré la factura le dije, "Zach, esta factura se ve demasiada barata. Me parece que nos cobraron mal".

El respondió, "Oh no, los precios actuales no son precios de vacaciones, son precios baratos para atraer clientes".

Yo le dije, "Eso es una broma, ¿verdad?".

A lo cual él me respondió, "Enserio, las primeras dos semanas del mes de enero son semanas de baja actividad".

Quedé confundida; vivimos en el sur de Florida, "¿Por qué habría de ser ese el caso?".

"Porque toda la gente está ocupada haciendo sus resoluciones de año nuevo –están preparando sus comidas, yendo al gimnasio y ahorrando dinero—".

Yo me sentí preocupada por el hotel; pensé, "Vaya, les debe estar yendo muy mal".

Pero él estaba bien informado respecto a la situación. "En realidad no. Para la tercera semana de enero, la gente se da por vencida y renuncia a sus resoluciones y allí es cuando más dinero hacemos. Para la tercera semana no daremos abasto".

Las estadísticas dicen que el 25 por ciento de la gente se da por vencida y renuncia a sus resoluciones –esas metas ambiguas— de año nuevo dentro de la primera semana del mes de enero. El 60 por ciento de las personas con resoluciones mal formadas se dan por vencidos dentro de los primeros seis meses. Te estoy contando lo que me dijo Zach, el muchacho del hotel Hyatt, porque es la realidad.

No permitas que esas estadísticas te hagan cerrar este libro, llamar a tu amigo y decirle, "Yo lo sabía. No tendríamos que haber comprado este libro ni empezado este proceso". Esa manera de pensar es nuestra *mentalidad vieja*. Trazábamos metas, pero luego perdíamos fácilmente el enfoque y terminábamos perdiendo lo que no podíamos visualizar. Ojos que no ven, corazón que no siente.

Nuestra *mentalidad vieja* no tenía entre 7 a 10 metas u objetivos específicos en el presente. Nuestra mentalidad vieja no sabía cómo internalizar esos objetivos y proveer una visión clara. Voy a mostrarte cómo mantener frente a ti lo que te has propuesto para no perderlo de vista y olvidarlo.

> *"La tragedia en la vida no consiste en no alcanzar tus metas.*
> *La tragedia en la vida es no tener metas que alcanzar".*
> —Benjamin E. Mays

LOS SIGUIENTES 30 DÍAS

Darren Hardy entrevistó a algunas de las personas más exitosas en el mundo. ¿Quieres saber las dos cosas que todos ellos tienen en común?

Número uno: están comprometidos con su desarrollo y crecimiento. Tú ya has demostrado eso.

Número dos: están comprometidos con escribir sus metas y objetivos. Quizás pienses, "Yo ya hice eso". Lo hicimos *una sola vez*, pero ¿puedes recitarlo de memoria? Probablemente *todavía* no.

Nuestras metas existen en el exterior, no existen dentro de nosotros... aún no. Seguimos adelante y dejamos el pasado atrás. Procuramos convertir la palabra "aún no" en una palabra del pasado que no usamos más.

> *"Al registrar tus sueños y metas en el papel, se pone en movimiento el proceso de llegar a ser la persona que más quieres ser. Pon tu futuro en buenas manos – tus propias manos".*
> —Mark Victor Hansen

Seguramente has comenzado algo así anteriormente. Quizás escribiste tus metas una vez, pero las guardaste y no las volviste a mirar hasta diciembre 30 y sólo para ver qué podrías hacer al respecto el último día del año. Entraste en pánico: "¡Oh no! ¡Qué desilusión! ¡No logré mis objetivos! ¿Cuáles eran? Y bueno... intentaré otra vez el año que viene".

Eso no es tener visión. Eso es precisamente lo que hizo el 25 por ciento de las personas que se dieron por vencidos en la primera semana. Eso no es tener enfoque. Eso no es internalizar tu propósito. Eso es hacer garabatos en una servilleta durante una conversación casual. Reforcemos eso de manera exponencial: comencemos con una visión y le demos seguimiento intencionalmente.

Enfócate en el éxito

Hemos estado buscando nuestro futuro, pero no lo hemos encontrado. *Mencionar algo brinda enfoque*. Por lo tanto, comencemos a hablar de nuestras metas para así hallar el enfoque que necesitamos para el futuro visualizado. Y vamos a hacer esto por 30 días.

Este es el paso que te llevará de "Tengo metas y objetivos escritos en un papel" a "Lo escribí, lo hice y lo logré". Vas a enfocarte y vas a interiorizar las 7 a 10 metas y objetivos hasta que se materialicen y se hagan parte de ti. Lo haremos de manera que sea fácil enfocarte en esos objetivos y vamos a hacer un ejercicio que te ayudará a concretarlos con consistencia.

Es tiempo de *trabajar duro*. Dios no va a depositar el éxito en tu regazo, sino que te dará un plan. Él te dará un propósito, te dará un objetico y luego te va a pedir que lo persigas. Yo te diré cómo. ¿Estás listo o lista?

¿Cómo te mueves en dirección a tus metas y objetivos?

- Vas a escribir tus metas y objetivos en un papel.
- Cada día por 30 días.
- Los escribirás de una manera específica.

Antes de explicar mejor el *qué* quiero que entiendas en el *por qué*.

REPROGRAMANDO TU MENTE PARA EL ÉXITO

Estás a punto de sacarle provecho a la premisa de la neuro plasticidad: la reprogramación de tu mente para el éxito. En mi página web *NicoleCrank.com* tengo un programa en inglés titulado *T12 Transformation Program* donde hice un estudio completo sobre cómo funciona la mente. Las metas y los objetivos son parte de eso, pero en ese programa también nos enfocamos en la transformación en cada área de tu vida.

Utilizar la neuro plasticidad nos permite arrancar de raíz la frase "No puedo" y en su lugar plantar la frase "Yo puedo". Es un ejercicio mental que entrena a tu cerebro a reinar. Estás literalmente programando la computadora de tu mente para alcanzar tus metas y lograr tus objetivos en autopiloto.

La vida antes del GPS

> *"Todas las personas exitosas tienen una meta. Nadie puede llegar a ninguna parte a menos que sepa a dónde quiere ir y qué quiere ser o hacer".*
> —Norman Vincent Peale

Reprogramar tu mente significa poner coordenadas específicas como lo haces en un sistema de navegación GPS. A mí me encanta el GPS. Puedo llegar a mi destino sin usar uno, pero es mucho más fácil usarlo. No tengo que pensar a dónde estoy o a dónde voy, simplemente me dice a dónde ir y cómo llegar. Fuera de Tesla, eso para mí es lo más cercano al autopiloto.

Mi esposo David y yo estábamos conduciendo de Florida a St. Louis cuando David se cansó de manejar nuestro coche caravana. A mí no me gusta manejarlo porque es grande y es complicado maniobrarlo. Mientras él manejaba, yo con gusto le ayudaba con los papeles de navegación y mapas –esa era mi contribución y mi responsabilidad—. Pero él necesitaba tomarse una siesta así que paramos, cerró sus ojos y se durmió.

Yo había estado mirando el mapa y estaba segura que sabía cómo llegar a casa. Tenía que tomar la autopista 60 y luego la autopista 285, ¿verdad? Y así nos evitaríamos el tráfico en Atlanta. Súper fácil. Así que mientras David dormía, me senté al volante y tomé ese curso como por 90 minutos.

De repente, David se despertó y entró en pánico. Yo estaba súper confundida. Pensé: *"¿Qué le pasa a este? Todo está bien. No hemos tenido ningún accidente. Tenemos gasolina.*" De hecho, me sentía muy orgullosa de mí misma. Hasta que de repente me di cuenta cuál era el problema: habíamos llegado a Atlanta –había manejado una hora en la dirección incorrecta—. Ahora necesitábamos *otra* hora para recuperar el camino adecuado. Nuestro viaje de 12 horas ahora nos tomaría 2 horas más.

Así nos pasa a menudo camino a nuestras metas. Las escribimos porque es año nuevo, o porque estamos en una clase, porque estamos leyendo un libro como este o porque alguien nos instruye a que lo hagamos. Pero luego ni los volvemos a leer. Pensamos que sabemos a dónde dirigirnos. Nos sentimos orgullosos de nosotros mismos. Pero cuando nos damos cuenta, ya han pasado seis meses y no estamos donde esperábamos. Y pensamos, "*¿Qué pasó?¡Si yo escribí mis metas y objetivos!*".

¿Te estoy hablando a ti en este momento?

Arreglémoslo para que nunca repitamos ese error otra vez. Vamos a utilizar las premisas de la neuro plasticidad para programar tu mente para el éxito. Vamos a escribir entre 7 a 10 metas:

✓ *Con un bolígrafo y papel en mano.*

¿Por qué necesitas usar un bolígrafo y un papel? Hacerlo te conecta al proceso. Para hacértela aún más fácil: toma tu *guía de estudio* o puedes visitar mi página web *NicoleCrank.com* para descargar una herramienta gratuita que tengo allí para ti (30 días de unas páginas descargables que incluye frases y pasajes bíblicos).

Vas a escribir tus metas con un bolígrafo y en un papel:

✓ *Cada día por 30 días seguidos.*

Cada día.

Lo voy a decir una vez más. Cada día por 30 días seguidos.

Estamos programando tu cerebro. Cada vez que se te cruza un pensamiento, creas o refuerzas una conexión entre neuronas en tu cerebro. Cada vez que esas neuronas son "alimentadas" por un pensamiento, causa que esa neurona "crezca" y en el cerebro se desarrollan unos tentáculos que parecen raíces.

Estamos literalmente plantando nuestras metas en nuestro cerebro y desarrollando un sistema de raíces. Estamos movilizando nuestras metas del ámbito intelectual al ámbito físico. Las "raíces" que se forman en nuestro cerebro, nutridas por nuestros pensamientos diarios y por el ejercicio de escribir nuestras metas y nuestros objetivos, tienen el poder de físicamente cambiar los pliegues en nuestro cerebro.

Estás cambiando tu forma de pensar y eso cambiará cómo vives tu vida.

Para llevar esto a cabo, puedes utilizar tu propio cuaderno, puedes utilizar tu propio diario, o puedes utilizar lo que te he provisto porque es más divertido, fácil de registrar y práctico.

Vas a escribir entre 7-10 metras cada día con un bolígrafo y en un papel por 30 días seguidos, *y*:

✓ *No mires qué escribiste anteriormente.*

Entendiste bien. No mires al pasado. No lo ojees. No le eches un vistazo.

Escribe entre 7 a 10 metas cada día por 30 días seguidos y no eches un vistazo a lo que escribiste el día anterior. Cada día comienza con una página nueva en blanco y haz una lista nueva. Condiciona tu mente a pensar en el triunfo. No hay problema si te olvidas de una de tus metas. No hay problema si no usas exactamente las mismas palabras. El punto no es la perfección sino recordar. ¡No mires atrás! Ejercita tu mente. Estamos taladrando tu psiquis. Hazlo cada día y hazlo lo mejor que puedas.

Esto llevará tus metas de ser un pensamiento repentino al propósito; de algo accidental a algo intencional; de algo que pensaste una vez y nunca más a algo que estás viviendo. El 25 por ciento de las personas abandonan sus metas de año nuevo dentro de la primera semana. El 60 por del resto de las personas que trazaron metas se dieron por vencidos dentro los primeros 6 meses.

Entonces, ¿por qué estamos haciendo este ejercicio?

Hacemos este ejercicio para que no te conviertas en una de esas personas. La mayoría de la gente no escribe sus metas. Al escribirlas, ¡ya estarás a mitad de camino! Tan solo el 3 por ciento de las personas escriben sus metas. Formas parte de la rama superior. Si haces el siguiente ejercicio, pondrás tu visión por delante.

Escribe entre 7 a 10 metas con un bolígrafo y en un papel, cada día por 30 días seguidos sin echar un vistazo a lo que escribiste antes…

✓ *Cada mañana ANTES de tu trabajo (o renunciarás).*

Quizás te preguntes, "¿Por qué antes del trabajo?". Quizás te quejes y digas, "Necesito tomar mi café primero". Entiendo que necesitas tomar tu café, pero esta la razón por qué: te vas al trabajo y cuando llegas dices, "Lo haré cuando llegue a casa, antes de la cena". Luego te ocupas con otras responsabilidades, tienes un mal día, te vas a casa, comes cualquier cosa y tienes catorce cosas más que hacer. Algo imprevisto sucede y consume todo tu tiempo. Alcanzas a hacer ocho cosas (de las catorce que tenías) y quedas agotado o agotada. Te vas a dormir y despiertas el próximo día, ya un día atrasado o atrasada en la carrera a tus sueños. No lo hiciste ayer y el enemigo va a utilizar la misma táctica hoy; te está robando tu futuro con distracciones.

Así que pon la alarma, prepara tu café y mantén tu *guía de estudio* al lado de la cafetera. Necesitas despertar listo o lista para perseguir tus sueños por la mañana.

Tiempo de una pequeña prueba

¡Hagámoslo por primera vez ahora mismo! La precisión no importa. Escribe tus metas otra vez, lo mejor que puedas. Comienza a programar tu cerebro. Busca en tu interior y veamos qué nace de ti. Quizás te sorprendas.

METAS Y OBJETIVOS

1. _____
2. _____
3. _____
4. _____
5. _____
6. _____
7. _____
8. _____
9. _____
10. _____

LA VISIÓN EN NOTAS AUTOADHESIVAS

Ahora tomemos las medidas necesarias para avanzar.

Yo quiero que puedas verlo para luego serlo. Quiero que comiences por organizar lo que ves. Escoge un área específica por donde comenzar y de ahí podrás crecer. Organiza primero tu mente.

Aun cuando mi casa está desordenada, mi closet está bien organizado. ¿Por qué? Porque generalmente me visto en mi closet. Entro allí, elijo mi ropa y me visto. Si mi armario está desordenado me siento como que mi vida entera está desordenada. Pero cuando me estoy alistando por la mañana –aunque el café lleve tres días en la cafetera, aunque la cama no esté hecha, aunque mi casa esté sucia y desorganizada y pareciera que alguien entró a robar— siempre y cuando yo pueda entrar en mi armario y esa área pequeña de mi casa esté bien organizada, puedo organizar mis pensamientos para el día y organizar mi vida.

Eso es lo que procuro ayudarte a hacer. Escribe tus metas en notas autoadhesivas.

Ahora pon las notas en diferentes partes de tu casa, donde las puedas ver todos los días. Pon una arriba del rollo de papel higiénico –seguramente vas a ir allí en algún punto del día—, pon una en la puerta del refrigerador –otro lugar que definitivamente frecuentarás durante el día—. Pon una en tu teléfono –lo miras como 97 veces al día—. Pon una al lado del control remoto del televisor –sabes bien que lo utilizarás varias veces en el día también—. Pon una nota en el velocímetro de tu auto; en tu computadora, en tu pantalla del trabajo. En fin, ponlas en lugares que podrás tener y ver la visión delante de ti.

Cree en la visión

Había un niño de sexto grado llamado Stevie. Él nació en la ciudad incorrecta y era tartamudo. Su maestra le dio una asignación. Ella le dijo, "Quiero que escribas sobre quién quieres ser cuando seas grande".

Stevie había visto en la televisión a un hombre comediante y pensó, "Vaya, ese sí que sería un lindo trabajo: hacer a la gente reír. ¡Yo quiero hacer eso!". Así que Stevie escribió sobre cuánto le gustaría ser un comediante. Cuando su maestra leyó el reporte de Stevie, lo llamó al frente de la clase, y él pensó para sí, "Debe ser que le gustó mi reporte a la maestra".

La maestra le dijo, "Stevie, quiero hacerte una pregunta. ¿Conoce alguien en tu familia o en este salón a alguna persona famosa que haya estado en la televisión?".

Stevie respondió, "No maestra".

La maestra dijo, "Quiero que vuelvas a escribir tu reporte con algo más *razonable*".

Vaya, ¿puedes creer eso?

Ese día Stevie se fue a su casa y le contó lo que sucedió a su papá, "Tengo que volver a escribir mi reporte papá. Lo hice mal".

Su papá le dijo, "Déjame ver lo que escribiste hijo". Luego su papá le dijo, "Stevie, puedes volver a escribir el reporte para tu maestra, pero yo quiero que tomes este reporte y lo pongas en el espejo del baño. Quiero que lo leas cada mañana antes de salir para la escuela y cada noche antes de acostarte".

Eso es exactamente lo que hizo Steve Harvey cada día de su vida. No podemos permitir que el mundo nos diga quiénes somos y lo que vamos a ser. Tenemos que creer en la visión que Dios ha depositado en nuestros corazones.

Tu pasado no determina tu futuro

Tuve el privilegio de conocer uno de los estudiantes de nuestra iglesia a través de Twitter. Este joven en particular era extremadamente brillante, trabajador y asistió a una de las mejores escuelas en nuestra ciudad. Con el conocimiento que este joven tenía pensarías que era un muchacho de alta clase.

Pero en realidad era todo lo contrario. Este muchacho nació con ciertos desafíos que fácilmente podrían haberle impedido que apuntara alto. Fácilmente podría haber pensado, "Yo no vengo de la clase alta". Sus padres tenían tan solo 16 años cuando lo tuvieron y se separaron cuando él era pequeño. Su vida no fue fácil y perseguir sus sueños menos. Él fácilmente podría haber sido otra estadística.

Sin embargo, él tuvo un gran mentor que lo encaminó al éxito. A los 14 años de edad comenzó su propia compañía de consultoría y marketing. Él ha trabajado con compañías como Ford, AT&T, Verizon y K-SWISS. ¿Puedes creer que este joven estudiante de preparatoria fue el administrador de las cuentas de redes sociales de Steve Harvey?

Quizás pienses, "Vaya, que pena que Steve Harvey no tiene dinero para pagarle a alguien mejor que un estudiante de preparatoria para administrar sus cuentas de redes sociales. Se me hace raro". ¡Pero no es así! Este estudiante tuvo que enfrentar circunstancias difíciles, pero no permaneció estancando en el mismo lugar donde comenzó. Steve Harvey es tan solo *uno* de sus muchos clientes.

Él comenzó a creerle a Dios, lo que Dios decía de él y eso lo llenó de vida. Hoy en día, a los 22 años de edad, lo puedes encontrar dando charlas en la Casa Blanca, Stanford, Harvard, MIT, Megafest y Disneyworld. Según *Ebony Magazine*, él ha sido reconocido entre los top 100 personas de origen Afroamericano de mayor influencia.

Hoy en día, la compañía que el fundó es una de las empresas de rápido crecimiento de grupos minoritarios en el estado de St. Louis.

¡Nunca permitió que su pasado determinara su futuro!

Su historia me recuerda de una muchacha universitaria. Ella llegó un día a su casa, durante las vacaciones de Navidad, y vio algunas metas que su papá había escrito y pegado en el refrigerador: "Amar más a mi esposa. Ser más productivo en mi trabajo. Perder peso".

Ella pensó, "Si él tiene metas, le voy a agregar una más: 'Pagar la renta de mi hija'". Luego, el hijo del hombre también vio la nota en el refrigerador y decidió él también añadir algo: "Pagar el auto de mi hijo". Cuando el padre volvió al refrigerador y notó los cambios a la nota, dijo, "¿Qué es esto que mis hijos están agregando aquí?". Y decidió él agregar una meta más:

"Desacostumbrar a mis hijos a la ayuda financiera".

¡Aguántatela!

Necesitas tener metas y necesitas mantenerlas al día. Pero necesitas tenerlas al frente tuyo constantemente para que sepas exactamente cuáles son. Eso es lo que dice en Proverbios 29:18: "Donde no hay visión," –cuando no puedes reconocer que Dios está de tu lado; cuando tu visión ha sido nublada por la duda y las circunstancias; cuando no usas tus ojos de fe; cuando no escribes tus metas— "el pueblo perece".

¿Qué significa perecer? Ve a la tienda y compra apio y déjalo en la heladera por un año entero. Cuando regreses a verlo, sabrás lo que significa "perecer". Apesta; se marchita; se vence y es un asco. Si tu vida está así, si ese es el destino que te espera, te estoy ofreciendo agua (el sustento que necesitas para revivirte). Si tomas una rama de apio que está marchita y la pones en agua fría y la dejas allí, comenzará a absorber el agua y cobrará vida.

Ese es el efecto que tiene la Palabra de Dios –el agua viva— en tu vida: hace que cobres vida. Dios no quiere que tu vida se marchite. Dios nos da un plan para alcanzar nuestras metas. Es tiempo de absorber el agua fresca como el apio y ¡comenzar a soñar otra vez!

¡Dios no te ha llamado a perecer! ¡Dios te ha llamado a grabar la visión claramente –en notas adhesivas— para que toda persona que la lea pueda correr con ella!

¡Ahora ve a la tienda y compra notas adhesivas!

Pon tu atención en tu intención

Así como lo hizo Steve Harvey, debemos poner nuestras metas en algún lugar que podamos verlas. Puede ser en el espejo del baño; en nuestro auto; en algún lugar que podamos verlas cada día. Es por eso que yo desarrollé la *Agenda de Cumplidores* que me recuerda cuándo y dónde necesito estar cada día. (Traté usar el calendario que ofrece Google, pero a veces no es tan fiable).

En cada hoja escribo cinco metas para ese día. Juan 10:10 nos advierte que, "El ladrón no viene sino para robar, matar y destruir" (RVR1960). Él viene con la intención de matar y destruir tu futuro; quiere robar, matar y destruir tus sueños.

Y la manera en que lo logra es la siguiente: pones tu alarma 20 minutos más temprano y piensas, "Bueno, mañana va a ser un buen día. ¡Voy a hacer tal cosa!". Luego despiertas al siguiente día y el perro hizo pipi en la alfombra; a uno de tus hijos se la cae un vaso de vidrio en el piso de la cocina; te subes al auto y te das cuenta que no tienes gasolina así que tienes que parar en una gasolinera y ahora vas a llegar tarde al trabajo (y uno de tus objetivos era llegar a tiempo a tu trabajo).

El enemigo va a tratar de destruir tus metas. Pero debemos mantenernos enfocados. Cuando mantienes tu atención en tu intención, eso te ayuda a tener éxito, pero necesitas ser intencional.

En el día 31, después de haber mirado tus notas adhesivas cada día, entonces agregarás imágenes a tus metas. ¡Vamos al próximo nivel!

¡Vas a tomar la visión y hacerla simple y clara!

TOMA TU PIZARRA DE VISIÓN: AHORA AÑÁDELE IMÁGENES

El *Diccionario Cambridge* (en inglés) dice, "Ver es creer", lo cual significa que, si ves algo, entonces podrás creerlo y darlo por hecho, a pesar de cualquier dato que diga lo contrario o lo haga algo poco usual o inesperado.[2]

Previamente mencioné 2 Corintios 5:7 que dice que "andamos por fe, no por vista". ¿Por qué? Nuestra perspectiva humana es tan limitada que sólo podemos dar por cierto lo que podemos ver con nuestros ojos. Lo creemos fácilmente si lo vemos. Pero lo que no podemos ver –la mano invisible de Dios, su plan, cómo todo trabaja para nuestro bien, el plan maestro— es demasiado grande para nuestros ojos humanos.

Necesitamos abrir una ventana de fe con vista a la dimensión de Dios para pasar de la realidad terrenal a la dimensión infinita de Dios. Necesitamos cambiar nuestra forma de ver las cosas. ¡Necesitamos cambiar nuestra *visión*!

Una visión emocionante

Hubo un tiempo en mi vida cuando usaba lentes de contacto, pero eran una molestia y a veces me lastimaban los ojos. Siempre tenía que cargar conmigo un estuche de limpieza. Además, podía únicamente usar lentes desechables y eran costosos.

En el intento de hacerlo más divertido decidí usar lentes de color verde. ¡Me encantaban! Cuando me miraba en el espejo me veía diferente y me gustaba. (Honestamente, en mi opinión, me veo mucho mejor con ojos verdes y pienso tener una conversación con Dios cuando llegue al cielo y preguntarle por qué me dio ojos marrones). Me parece cómico que la razón por la que me gustaban mis lentes de contacto era más por cómo me hacían sentir que por cómo me ayudaban a ver mejor.

Por supuesto que la razón principal por la cual los usaba era para ver mejor. Había usado anteojos desde el cuarto grado para poder ver a la distancia, y especialmente para poder ver mejor en la escuela. Los anteojos mejoraban mi visión, pero no me emocionaban. Debería haberme

---

2 Diccionario Cambridge. "Unexpected," ["Inesperado"] Accedido 2020.https://dictionary.cambridge.org/us/dictionary/english/unexpected

emocionado poder ver mejor, pero en cambio, fue el aspecto cosmético lo que más me emocionaba.

Así es como mucho de nosotros operamos. El proceso de identificar y corregir la visión de nuestras vidas no siempre es algo que nos emociona. Nos emociona la idea de tener una casa nueva, un auto nuevo, una relación nueva, un cambio cosmético. Todas estas cosas nos incentivan y emocionan, pero no son metas de largo plazo ni son la clave a una felicidad duradera.

¿Qué necesitamos para cambiar nuestra visión? Qué vemos y cómo lo vemos sin importar cuán lejos esté. Ese es uno de los beneficios de tener una pizarra para tu visión. No es nada costoso, de hecho, puede resultar divertido crearla y diseñarla. Puedes divertirte y hacer algo creativo, *cool* o bonito, o impresionante. Es como agregarle lentes de contacto a nuestro futuro. Nuestros sueños dejan de verse borrosos a la distancia y podemos acercarnos al futuro que hemos diseñado, soñado y orado con completa claridad; con una visión 20/20.

Lo más extraordinario de mis lentes de contacto es que ya no los necesito más. (No, no me hice la cirugía LASIK. ¡Dios simplemente hizo algo creativo en mí!).

Lentes de contacto

Mi esposo y yo vivíamos en el campo y ya me quedaban poco pares de lentes de contacto. De hecho, había desarrollado una condición llamada conjuntivitis papilar. Las enzimas de mis ojos reaccionaban a los lentes de contacto y me causaban irritación debajo de mis párpados. *¡Doloroso!* No quería usar anteojos así que me aguantaba el dolor. Pero cada vez mi condición empeoraba.

Antes de terminar la historia, quiero señalar que muchos de nosotros nos encontramos así. Fijamos metas; tratamos de soñar; quizás hasta creamos nuestra pizarra de visión, pero dejamos de mirarla porque algunas cosas nunca se dieron. La vida se complicó y ni siquiera sabemos por qué. Lo único que sabemos es que ir tras nuestra visión se volvió más difícil e incómodo. Desarrollamos una alergia a las enzimas de nuestra vida y comienzan a causar cierta incomodidad.

Yo oré y le supliqué a Dios que sanara mis ojos para que no tuviera que seguir sufriendo usando lentes de contacto.

Pero Dios…

Como nosotros vivíamos en una casa de campo (esto fue en el año 2000, antes de que fuéramos pastores), el centro de visión más cercano era Walmart. Solicité una cita y fui a ver al optometrista. Él examinó mis ojos y luego se echó para atrás y me miró de tal manera que me hizo sentir como si tuviera cinco años y me había atrapado robando una galletita.

Luego me preguntó –con un tono bien sarcástico—: ¿Quién te dijo que necesitas lentes de contacto?

Yo le respondí: "Todos los optometristas que he visto desde el cuarto grado". Su cara cambió a una de confusión. "¿Por qué?", le pregunté yo; necesitaba saber qué estaba pensando.

Y él respondió, "Porque tienes una visión perfecta".

—"¿Me estás bromeando?"
—"No, para nada".

Servimos a un Dios que es poderoso para hacer todas las cosas mucho más abundantemente de lo que pedimos o pensamos. Mi visión y fe limitada sólo pidió que Dios me sanara de la conjuntivitis papilar. En cambio, ¡Él sanó mis ojos por completo! 20 años después, aquí estoy, sin anteojos, sin contactos y sin cirugía LASIK.

¿Qué tiene que ver esto con tu pizarra de visión? Necesitas una pizarra de visión para que corrija tu visión cada día y que puedas ver con lo claridad lo que Dios ha depositado en ti, en vez de ver lo que tú *piensas* que puedes lograr por tu propia cuenta. Y no tiene sentido que hagas una pizarra y la escondas dentro de tu closet.

Haz una pizarra de visión.

Haz una para tu casa y una para tu trabajo. Tómale una foto y ponla como pantalla de fondo en tu teléfono. Visualiza cada meta y que la fe sea el lente de contacto por el cual miras tu pizarra de visión. Y luego, lo creerás al punto que llegará el día en que te sacarás los lentes de contacto y podrás ver tu futuro con suma claridad. Pero esto no se dará a menos que puedas visualizar el éxito. Dilo en voz alta. (Confesarlo con tu boca es clave para llegar a verlo con tus ojos). Di en voz alta, "Puedo visualizarlo. Me veo lográndolo". Ahora di en voz alta específicamente qué es lo que puedes visualizar; ¿qué es lo que lograrás? ¡Vamos! ¿Lo quieres o no?

Necesitas visualizar la visión tanto que se convierte en algo normal para tu mente. Necesitas visualizarlo tanto que cuando la oportunidad surja, no te agarre por sorpresa, sino que sepas exactamente qué decir en el momento preciso. Al fin y al cabo, ya has visualizado esta situación en tu mente como 100 veces. Dios restaurará tu visión. Actualmente paso una semana en nuestra oficina en St. Louis y luego la siguiente semana en West Palm Beach. ¿Cuántas pizarras de visión crees que tengo? Tengo dos porque no puedo pasar una semana entera sin echarle un vistazo a mi pizarra de visión. La necesito frente a mí y necesito que sea simple y clara.

TIENES QUE VERLO PARA SERLO

Cuando la visión es clara, cuando la puedes ver, no necesitas mirarla para identificarla. Cuando sabes exactamente cuál es tu visión, los resultados parecieran darse con naturalidad. Escribe esto en el margen de tu libro o léelo en voz alta diez veces:

> *"Cuando la visión es clara; los resultados aparecen".*

En Genesis 30, Jacob y su tío Labán tenían una ganadería. Jacob estaba siendo estafado ya que él hacía todo el trabajo mientras su tío (el jefe) se enriquecía. (Quizás tú te encuentres en una situación parecida). Pero Jacob tenía una visión para su futuro. Él hizo un trato con Labán: su tío se quedaría con todos los animales perfectos e inmaculados (los que todos deseaban). A cambio por su labor, Jacob se quedaría con los animales que sobraban (los que nadie quería). ¡No parecía ser un acuerdo justo para Jacob!

Pero Jacob tenía una visión; una meta; una idea creativa; un plan. Para alguien que no está enfocado en el futuro deseado puede parecer locura, pero él creía que Dios le había dado un llamado y ese llamado requería mucha fe y seguimiento. Jacob ponía varas, ya peladas, frente a los rebaños, en el lugar donde tomaban agua y sus crían nacían rayadas, manchadas y moteadas. Cuando él miraba una oveja blanca, la veía rayada. Tienes que verlo para serlo. Tu visión necesita ser clara.

¡La idea de Jacob funcionó! Cuando una cría nacía, ¡tenía manchas! La visión de Jacob era sumamente clara. Él podía visualizarla y se cumplía en los animales. Por eso necesitas una pizarra para tu visión. ¡Necesitas ver tus metas diariamente!

Por los últimos días has estado escribiendo entre 7 a 10 metas cada día sin ojear lo que escribiste el día anterior. Ahora, la visión está tomando forma en tu mente y echando raíces. Tu visión se está haciendo parte de ti. Pero ahora vamos a llevarlo al próximo nivel. Vamos a exteriorizar la visión para reflejarla hacia adentro otra vez. Ahora es que tomamos algunas revistas, usamos Photoshop, o unas tijeras y pega, o buscamos fotos divertidas en el internet. Vamos a hacer nuestra visión "real" y vamos a ponerle rajas a nuestras ovejas.

Mi pizarra de visión

Quiero contarte sobre una de mis pizarras de visión.

Paso dos: Define tu visión 65

Voy a compartirte parte de mi visón. Quizás pienses que estoy loca, pero quiero que veas cómo funcionan las cosas. Hace unos años, nunca antes había predicado en un estadio. En mi pizarra de visión corté y pegué una foto de un estadio. Busqué una foto de mí y usé Photoshop para editarla de manera que yo estuviera parada en la plataforma del estadio, hablando frente a la multitud. Era una foto obviamente editada, pero, de esa manera, podía visualizarme haciéndolo, como si lo hubiera hecho antes.

Efectivamente, a comienzos del siguiente año, tuve la oportunidad de hablar en una conferencia en un estadio frente a 7,000 mujeres. Por un año entero, cada día, miraba esa foto en mi oficina. La visión era clara. Mi fe fue edificada y mira lo que Dios hizo.

Él hizo realidad lo que yo estaba creyendo y esperando.

Hubo otra foto que puse recientemente en mi pizarra de visión. Era la foto de mi libro *Hola Dios, soy yo otra vez*. Mi sueño era que la traducción de mi libro al español llegara a lugares en Latinoamérica que son difíciles de alcanzar y que fuera de bendición para muchos.

Efectivamente, Dios abrió puertas al país de Cuba, un país comunista.

De la nada, conocí al presidente del concilio de las iglesias en Cuba y me Dios me dio favor con él. Ellos organizaron una conferencia con 1,5000 pastores cubanos y mi libro *Hola Dios* fue distribuido en todas sus iglesias. Un año antes, yo había puesto la foto en mi pizarra de visión. ¡Mira lo que hizo Dios! No es una coincidencia.

Hubo más fotos de proyectos en mi visión que también se hicieron realidad. Pero quiero contarte sobre uno de mis favoritos. Tenía una foto de Oprah y yo sentadas juntas en el escenario. La foto parecía real, pero no lo era. Utilicé Photoshop. Pero, ¿sabes qué? Yo lo creo aún. –Oprah, si estás leyendo esto, ¡Hola!–. Yo creo que un día, Oprah y yo nos sentaremos juntas, hablaremos sobre cómo superar el pasado, trazar metas y vivir la vida de tus sueños.

(Oprah, ¡espero tu llamada!).

Lo que Dios quiere hacer en tu vida, puedes literalmente plasmar la visión en tu pizarra. Y yo creo firmemente que Dios lo cumplirá.

¡Ensancha tu visión!

Cuando me siento a comer, en mi mente, siempre pienso que voy a comer bien poquito, como una niña flaquita. Pero cuando menos me doy cuenta, tengo el pato lleno, me lo como todo y me sirvo más. Casi siempre soy la última en levantarme de la mesa (y no es porque coma lento). Digamos que he expandido mi meta original en esa área.

La expansión es parte de trazar metas y definir dónde queremos llegar. Si miramos un mapa, lo primero que necesitamos determinar es dónde estamos. Lo segundo es dónde queremos llegar. A medida que expandimos nuestra visión y trazamos metas, hagamos las limitaciones a un lado. Luego lidiaremos con las limitaciones, pero ahora, ¡soñemos!

Dios quiere estirarnos y crecernos.

> *"Ensancha el sitio de tu tienda, y sean extendidos los tapices de tus moradas. No te limites; alarga tus cuerdas y afirma tus estacas."*
> —Isaías 54:2 (RVA-2015).

Dios básicamente te está diciendo, "Amado/amada, ¡esto va a ser algo grande! El espacio se va a ajustar y vas a necesitar estirarte" (¡como mis pantalones en Día de Acción de Gracias!). Dios es un dios de fe y la fe comienza donde la voluntad de Dios se hace clara. Para tener pensamientos de fe, necesitamos trazar metas; necesitamos soñar.

Para determinar qué necesitamos confesar con fe, necesitamos tener una idea de nuestra meta. Para comenzar a dar pasos de fe (pasos que nos muevan en dirección a las cosas que aún no podemos ver con nuestros propios ojos), nuestros pensamientos y nuestras palabras necesitan ser pensamientos y palabras de fe. *Necesitamos tener metas.* Así es el proceso de expansión.

¿Recuerdas el juguete "Stretch Armstrong"? Era de goma, un poco tosco y se podía doblar y estirar. Yo tenía uno de esos cuando tenía cinco años y siempre trataba de jugar con él yo sola, porque para ese entonces mi hermano y mi hermana no habían nacido aún. Yo sola podía estirarlo hasta cierto punto, pero cuando una amiga venía a casa a jugar conmigo, lo agarrábamos de ambos extremos y lo estirábamos al máximo. Se estiraba tanto que decíamos, "Deberíamos parar, no creo que se pueda estirar más; ¡ya es demasiado!".

Pero "Stretch Armstrong" nunca se rompió. *Por eso* es tan importante que mantengas tu rumbo hasta el final de este libro. Estás a un extremo de "Stretch Armstrong" y yo estoy en el otro extremo; juntos vamos a estriar tus sueños al máximo. Si necesitas más estiramiento, visita mi página web y obtén la guía de estudio (a mí me encanta la planificación y llevo la mía conmigo *a todas partes*). También diseñé un curso de vídeos para las personas que verdaderamente desean realizar sus sueños *este año*.

La vida va a cambiar del tamaño pequeño al tamaño gigante de Dios. En el nombre de Jesús, necesitamos una visión grande. ¡"Stretch Armstrong" y mis pantalones de Día de Acción de Gracias no pueden contener la expansión que veremos!

NO TE ABURRAS CON TU VISIÓN; ¡HAZ TU PIZARRA DIVERTIDA!

> *"Lo único peor de ser ciego es tener vista, pero no visión".*
> —Helen Keller

Procura tener una visión fuerte. Hay mucho por creer para tu vida. Es tiempo de que tus ojos vean los detalles a todo color. Es tiempo de buscar fotos que plasmen lo que deseas alcanzar.

- ¿Qué harás al terminar de pagar tus préstamos estudiantiles? Córtalo y pégalo en tu pizarra de visión.
- ¿Cuáles son las vacaciones de tus sueños? Búscala en Internet y pégala en tu pizarra.
- ¿Cómo te verás al alcanzar tu peso ideal? Pon tu cabeza en el cuerpo que deseas y pégalo en tu pizarra.
- ¿Qué tipo de casa comprarás cuando ahorres para el pago anticipo? Ya sabes qué hacer. Ahora ¡simplemente hazlo!

Cierra tus ojos (imagínalos cerrados porque los necesitas abiertos para leer la siguiente porción). Quiero que pienses en unas de tus metas... ya sea un lugar a dónde te gustaría ir, números de ingreso que quieres lograr, compras o adquisiciones que quieres hacer, el trabajo que quieres tener, la escuela de la cual te quieres graduar, o el bebé que quieres sostener en tus brazos. Quiero que lo visualices en tu mente.

No puedes apuntar a una meta que no puedes visualizar.

Necesitas verlo con los ojos de tu imaginación, con tu fe. Permite que Dios ilumine aquello que está en tu interior. Ahora, agrega eso a tu pizarra de visión.

En los próximos capítulos, vamos a tomar estas imágenes y vamos a concretar un plan que nos ayudará a realizar nuestras metas. ¿Estás listo o lista? Prepara tu pizarra de visión y ahora prosigamos al tercer paso.

Paso tres:
AVANZA: EL PLAN DE ACCIÓN PARA LLEGAR A LA META

¡LUCES, CÁMARA, ACCIÓN!

> *"Metas: No hay forma de decir lo que puedes hacer cuando te sientes inspirado por ellas. Ni de saber lo que puedes hacer cuando crees en ellas. Y menos, saber qué sucederá cuando actúes por ellas".*
> —Jim Rohn

Vamos a comenzar la fiesta. *¡Luces, cámara, acción!* ¿Sabes qué? Si tenemos las luces encendidas, si las cámaras están grabando, pero no tenemos la acción… no hay nada que grabar. *Acción*: es donde la teoría se pone a prueba y es donde la mayoría de la gente falla.

Quizás tú eres una persona que sueña; quizás hablas mucho sobre lo que te gustaría hacer; quizás hasta escribes tus metas en papel. Escribir tus metas en papel te da un 42 por ciento de probabilidad de alcanzarlas. Estás a mitad de camino. Ahora, ¿cuál es la diferencia entre tú y los demás? La diferencia es que tú vas a actuar. Y eso es precisamente lo que discutiremos en esta sección del libro. Mark Twain dijo, "El secreto de salir adelante es simplemente comenzar". Así que, ¡comencemos!

EL MAPA QUE TE LLEVARÁ ALLÍ

¡Aquí es donde necesitamos dibujar el MAPA para alcanzar nuestras metas! El camino al cumplimiento de tus metas es el trabajo y dibujar este mapa.

Hablemos más sobre el significado de "MAPA":

Medir
Analizar
PlanificAr

Vamos a medir lo que está aconteciendo en nuestras vidas en este momento. Analizaremos lo que hemos medido, haremos preguntas y evaluaremos las opciones de cómo llegar a la meta, para luego poder construir un plan con claridad. Y, por último, lo implementaremos.

Si no tenemos un destino en mente, no sabremos cómo determinar el curso y no sabremos si hemos llegado. Lo bueno es que puedes llegar a cualquier lugar que quieras desde "aquí" (donde estás). Puedes llegar a Miami, Nueva York o Venecia, Italia. Puedes llegar al lugar de tus sueños como empresario, como una persona de reino, como artista, como misionero, como persona creativa, como autor, como una persona saludable, como director, inventor... lo que sea y dónde sea, ¡quien sea que Dios te haya llamado a ser!

LO QUE MIDES PUEDE CONVERTIRSE EN TU TESORO

Hablamos muchos de planes, pero tenemos que *trabajar* si queremos ver resultados. Me siento orgullosa de que hayas llegado hasta aquí, pero no puedes detenerte aquí. Vamos a llegar juntos a tu destino, donde tus sueños te esperan.

> *"Pero el generoso concebirá acciones generosas, y por las acciones generosas permanecerá".*
> —Isaías 32:8 (RVC).

La "M" en la palabra Mapa significa medir.

Necesitas saber dónde estás para poder medir tu progreso. ¡Necesitas tener éxito y saber identificarlo!

Hay muchas cosas que podemos y debemos medir en la vida como nuestra salud, riqueza, salud mental y emocional, y nuestros sueños. Yo no puedo decirte qué "deberías" medir; solo puedo avivar tus pensamientos y animarte a que pienses afuera de la caja.

Aquí hay algunas cosas con las cuales podrías comenzar:

- Peso.
- Porcentaje de grasa corporal.
- Cuánto dinero debes en tu casa.
- Cuánto tienes en inversiones/ahorros.
- Gastos mensuales.
- Deudas de crédito.
- La cantidad de libros que leíste el año pasado.
- Cuántas horas dedicaste a tu autodesarrollo el año pasado.
- Tiempo que pasaste buscando a Dios/orando/leyendo la Palabra.
- Cuántos días pasaste en tu diario de oración/vida.
- Cuántas horas a la semana dedicaste a tu familia.
- Cuántas horas a la semana dedicaste a tus amistades.

¡Es tiempo de hacer una evaluación!

En el año 2003, cuando descubrí que estaba embarazada con mi hija Ashtyn, pensé, *"¿Qué tan gordita estoy? Porque en mi mente pienso que soy un tamaño 2, pero la realidad es que no uso ropa de tamaño 2 desde que estaba en primer grado. Así que eso no puede ser cierto"*. Necesitaba una imagen realista de mí (una meta realista a la cual podía apuntar después que mi hija naciera) y así no me deprimiría fácilmente. *Si no sabemos o reconocemos nuestro punto de partida, es imposible que midamos nuestro progreso.*

Medí mis muslos, mi cintura y mis caderas. Y no, *no* voy a compartir cuáles eran esas medidas durante mi embarazo ni cuáles son hoy. Pero me alegro de haber hecho eso, porque me tomó un año poder usar mis jeans otra vez (y no me refiero recuperar la figura que tenía antes, si no por lo menos lograr que los jeans cerraran). ¡Simplemente estoy siendo transparente con ustedes! Necesitamos saber dónde comenzamos para poder reconocer cuánto hemos progresado… sí, aun cuando no nos complace dónde estamos hoy.

Cuando comenzamos a pastorear la iglesia, mi esposo no quería saber cuántas personas había cada domingo en el auditorio. Eso lo desanimaba. Su sueño era más grande que nuestra realidad. Así que su respuesta ante la situación era no saber. Yo le decía, "Mi amor, tuvimos 200 personas hoy". Pero si la siguiente semana le decía, "Tuvimos 180 personas hoy", él se ponía ansioso.

"¿Veinte personas no vinieron hoy? ¿Por qué? Nicole, ya no me digas más cuántas personas tuvimos". Yo seguía contando y examinando, pero no le decía nada a él.

Examinar o medir es básicamente sinónimo a una expresión del mundo corporativo llamada "benchmarking", o también conocido como evaluación comparativa. La manera en que funciona es que tomas medidas y mantienes un récord para luego hacer una comparación. Si no sabes dónde estás, ¿cómo sabrás a dónde quieres llegar? Esa es la pregunta que necesitas hacerte.

Usualmente, "benchmarking" no es algo que nos emociona mucho, pero es lo que me llevó a tener una conversación con mi esposo poco tiempo después de reportarle que 180 personas habían asistido a la iglesia ese domingo. "Mi amor, ¿sabías que la asistencia ha aumentado un 30 por ciento en las últimas tres semanas?

Paso tres: Avanza 73

"¿Qué?". A él le gustó las buenas noticias. Para poder llegar a las buenas noticias (para saber cuánto habíamos crecido), era necesario medir *todas* las noticias, aun cuando no era el tipo de reporte que queríamos escuchar o ver. ¡Cuando los números bajan, eso nos enseña a valorar y apreciar cuando los números suben!

"No menosprecien estos modestos comienzos, pues el Señor se alegrará cuando vea que el trabajo se inicia".
—Zacarías 4:10 (NTV).

No tengas miedo de mirar tu estado y lugar actual. Necesitamos examinar y medir dónde estamos para saber dónde comenzamos. Y así sabremos cómo llegar a donde nos dirigimos.

Hoy es el día. ¡Comienza a tomar medidas! No esperes llegar a casa para hacerlo… ¡comienza ahora mismo! No puedes hablar al respecto y nunca hacer nada. No voy a dejar que pases por desapercibido o desapercibida porque sabes hablar y aparentar. Tienes que poner tus palabras en acción. Tienes que saber cómo ponerlo en marcha. Tienes que saber reconocer cuándo estás caminando y avanzando.

Midamos cada una de nuestras metas, hoy.

LA "A" SIGNIFICA…

La "A" significa analizar.

Necesitamos analizar dónde estamos hoy para que podamos desarrollar un plan de *acción* y *hacer preguntas*. Pregunta, "¿Cómo vamos a lograr eso?". Si vas a escribir un libro, ¡tienes que comenzar a escribir algo, lo que sea!

¿Cuándo? ¿Cuándo vas a comenzar a escribir?

¿Dónde? ¿Tienes algún lugar en particular donde quieres o te gusta escribir?

¿Cómo? ¿Cómo lo escribirás? ¿Usarás un cuaderno especial, una computadora o una aplicación en tu teléfono?

¿Qué? ¿Sobre qué vas a escribir? No tiene que ser algo grandioso.

Los demás no tienen que verlo. Tienes opciones.

Podrías comenzar un blog, publicar tus pensamientos cada día, o investigar y escribir primero un bosquejo o una propuesta para tu libro. Todo comienza con analizar y hacer las preguntas correctas que te guiarán al plan de acción correcto.

Donde está tu enfoque es donde la energía fluye

Hacer preguntas te ayudará a que la energía fluya en dirección a tus sueños.

Yo tenía un amigo que me dijo que quería que su negocio hiciera un millón de dólares al año. Era una meta específica. Él sabía cuál era la cantidad y el plazo, pero nunca lo llevó más allá de eso. Yo quería que tomara su "casi una meta" afuera de su mente y lo hiciera realidad. Yo quería hacerle más preguntas: "Me parece genial. Hagamos un MAPA para lograrlo. ¿Cuánto necesitarías hacer al mes?".

Él no sabía la respuesta, así que nosotros sacamos los números: $83,333 al mes. Él quedó sorprendido y un poco nervioso cuando vio ese número. Yo pensé que era más imposible que él. Así que le pregunté, "¿Cuánto ingreso necesitas tener a la semana?". La respuesta era $19,230. Él seguía intimidado. "¡Bueno! Sigamos descifrando los números. Divide ese número semanal por la cantidad de días de negocio. Sus ojos comenzaron a iluminarse y una sonrisa comenzó a surgir en su rostro. Rápidamente comenzó a comprometerse con la idea y decir, "Vaya, ¡yo puedo hacer eso!".

"¡Genial!" le dije yo. "Estamos desarrollando nuestro MAPA –nuestra meta diaria, semanal, mensual y anual–". Todas son necesarias. Si te pierdes un día, no puedes permitir que eso te desanime sino tienes que invertirlo en la semana. Ya sea que midas calorías, ingresos, la cantidad de llamadas de ventas, o las horas invertidas en leer y educarte… ¿dónde terminas esa semana?

¿Consideras que no estás rumbo a tus metas? No desmayes. Enfócate entonces en el mes. "Pero es que tuve un mes malo," quizás respondas. Pues entonces enfócate en el año. Necesitas saber a dónde vas y qué tan lejos estás. ¿Es pequeña la brecha? (¿cómo una pulgada de ancha?). Entonces necesitamos hacer un poco más. ¿Es grande la brecha? (tengo mis brazos extendidos). Entonces va a requerir hacer más preguntas y hacer un nuevo plan.

¿Necesitamos hacer marketing en Facebook? ¿Necesitamos contactar a todos nuestros clientes y ver si tienen más negocio para nosotros? ¿Necesitamos enviar emails? ¿Necesitamos enviar una carta por correo? ¿Qué vamos a hacer? Quizás estés pensando, "Bueno, yo no tengo un negocio que generará un millón; ni siquiera tengo un negocio".

Bien, entonces hablemos sobre ti.

Determinemos dónde estamos

¿Cuáles son tus metas? Quizás tu meta es pagar tus deudas de crédito. ¿Cuánto debes? ¿$12,843? Por lo menos sabes dónde comenzar, ¿verdad? Eso es tomar medidas. Bien.

¿Cuánto necesitarás para pagar saldar eso? Digamos que necesitarías $1,150 al mes. Bien. ¿Cuánto sería eso por sueldo? $575; muy bien. ¿Puedes hacerlo? Quizás estarías bastante apretado. Pues, ¿qué más puedes hacer? Busca en Google. ¿Sabías que, según eBay, el americano promedio tiene 50 cosas en su casa que no son utilizadas y podría brindar un promedio de $3,000? Hay más de una manera. Hay más de un plan. Hay ventas de garaje; siempre hay algo que podríamos hacer.

Quizás tu meta es comprar una casa. ¿Cuánto necesitarías tener en ahorros? ¿$10,000? ¿$20,000? Necesitamos saber dónde te encuentras hoy. ¿Cuánto más necesitas ganar? ¿$1,500? ¿$3.500?

Quizás quieres perder peso. Sé que lo siguiente no es lo popular… respira, relájate y párate en una balanza. No puedes celebrar peso que has perdido si no sabes cuánto perdiste.

Quizás quieres una carrera. Quizás quieres entrar a la universidad. ¿Dónde estás hoy? ¿Qué carrera quieres perseguir? ¿Cuáles son los créditos que necesitas? Comienza por escribirlos. Vamos a medir dónde estás hoy para poder hacer la segunda parte del MAPA de acción: analizar. Analicemos lo que ocurre.

Ahora que tenemos una medida, vamos a determinar qué es lo que exactamente necesitamos hacer.

Digamos que tenemos $1,000 en el banco y determinamos que queremos ahorrar hasta $10,000 para comprar una casa. Necesitamos evaluar dónde estamos para formular un plan de acción. Ya tenemos $1,000 en el banco, así que necesitamos $9,000 más. Digamos que queremos lograrlo en un año. Eso significaría que necesitamos ahorrar $750 al mes. Si se nos paga dos veces al mes, entonces necesitaríamos apartar $375 por sueldo o cheque. Ahora sí podemos evaluar bien lo que estamos haciendo. Tenemos un plan de acción sólido para cada sueldo, para así poder ahorrar y comprar una casa.

Hazte algunas preguntas

Quiero darte algunas preguntas que puedes hacerte para empezar, no obstante, tú eres quien determinará cuáles son las preguntas más difíciles en tu vida. Tú sabes bien en qué área necesitas mejorar y crecer. Así que mide cada métrica y cada ítem que esté relacionado con tu meta.

(Te recomiendo este libro en inglés sobre finanzas que puede ayudarte: *Solving Your Money Problems* escrito por David Crank).

Preguntas financieras:

- ¿Tengo un presupuesto?
- ¿Me estoy manteniendo dentro de mi presupuesto?
- ¿Cuándo me mantengo dentro de mi presupuesto?
- ¿Por cuánto me paso o me quedo corto de mi presupuesto cada semana?

Ahora vayamos más profundo:

- ¿Cuánto debería gastar cada semana?
- ¿Por cuánto me pasé o me quedé corto en gastos cada semana?
- ¿Cuánto ahorré o invertí este mes?
- ¿Por cuánto reduje mi deuda este mes?

Preguntas físicas:

- ¿Cuánto peso?
- ¿Cuál es mi presión sanguínea y colesterol?
- ¿Cuáles son mis medidas?
- ¿Cuál es mi nivel de energía?

Y ahora vamos más profundo:

- ¿Estoy actualmente contando las calorías que consumo?
- ¿Sé cuáles son los marcadores de forma física y salud para mi edad?
- ¿Son mis medidas más o menos de lo que eran el año pasado?
- ¿Qué necesito hacer para aumentar mi energía?

¿Tienen sentido estas preguntas para ti? Bueno, ahora escribe *tus* propias preguntas.

LA "P" ES DE PLAN

Escribe tu plan

Mi hija me llevó a un museo moderno de artes de Instagram. En uno de los cuartos tenían un montón de puntos en la pared. No tenían sentido. Pero luego encendieron una luz especial y pude ver que había también números y al conectarlos se formaban imágenes. ¡Una era más impresionante que la otra! Ahora tenía sentido.

Una vez que decidas qué necesitas hacer, y el orden en el cual necesites hacerlo, las cosas comenzarán a fluir. Sin un plan no llegarás a ningún lugar. Las metas sin un plan son simplemente sueños y los sueños son difíciles de recordar cuando despiertas. Nuestro plan necesita tener sentido al punto que cuando comenzamos a ejecutarlo, sea evidente a dónde nos dirigimos.

Tomar tiempo para formular un plan de acción vale cada minuto. ¿Te ha pasado alguna vez lo siguiente? Le dices a tu staff, o a tus hijos, lo que necesitas que hagan –qué, cómo y para cuándo—. Luego sigues con tu día y tus responsabilidades. Y cuando regresas, para tu sorpresa, lo asignado se hizo mal, o peor aún, ¡*no se llevó a cabo en absoluto!*

¿Cómo es posible?

Muy a menudo, el problema está en la explicación.

Damos por hecho que la gente entiende qué estamos pensando. Más allá, pensamos que nosotros entendemos nuestros propios pensamientos. ¿Cómo? Sí, así es. Damos el salto antes de mirar, observar y planificar el rumbo que nos llevará a nuestro destino. ¿No te ha pasado alguna vez que le das a alguien instrucciones claras y concisas, pero para tu sorpresa, te plantean un montón de preguntas fantásticas (información que en realidad tú deberías haber previsto desde un comienzo)? Y peor aún, necesitas tiempo para pensar en las respuestas porque te das cuenta en ese momento que no habías pensando las cosas desde esa perspectiva.

Si piensas que esto realmente no se aplica a ti, pruébalo: toma tu lista de metas y objetivos ahora mismo.

Tómate el tiempo: formula un plan de cómo llegar

Necesitas escribir tu plan con un lápiz porque va a tomarte varios intentos y ¡eso no tiene nada de malo! Para impulsarnos hacia nuestras metas, necesitamos un plan que sea bien pensado. Y puede que necesitemos hacer ajustes en nuestro plan de acción a medida que lo ejecutemos.

Cuando nosotros estábamos en medio de la construcción y remodelación de nuestra nueva propiedad de la iglesia, teníamos los planos arquitectónicos desde el comienzo. Esos planos cambiaban casi cada semana. A medida que ejecutábamos el plan y notábamos detalles que se nos pasaron por alto, o si las cosas cambiaban repentinamente y veíamos una mejor manera de hacer las cosas de lo que habíamos estipulado, hacíamos los cambios necesarios. Pero nunca podríamos haber comenzado el proceso, tener la aprobación, desarrollado un marco temporal, estimado los costos, o asignar recursos sin haber tenido primero meses de planificación.

> *"Si no diseñas tu propio plan de vida, probablemente caigas en el plan de otra persona.*
> *Y adivina que han planeado para ti: No mucho".*
> —Jim Rohn

Ahora es tu turno

Cuando trazamos metas, apuntamos a las estrellas. En la planificación, determinamos cómo llegar allí. Escribe todo lo que pienses que necesitarás para llegar a tu meta.

Estas son algunas preguntas para comenzar:

- ¿Necesitarás hacer alguna investigación?
- ¿Dónde? ¿Por cuánto tiempo?
- ¿Sólo? ¿Necesitas consultar con alguien? ¿Con quién?

¿Qué otras preguntas deberías estar haciendo?

Si sabemos dónde comenzamos, y dónde queremos ir, entonces podremos formular nuestro plan de acción para llegar allí. Volvamos a la idea de perder peso (probablemente no es un tema del cual nos gusta hablar, pero puede servirnos más adelante). Antes de pedir la hamburguesa extra grande y agrandar también el tamaño de las papas fritas, si sabemos cuánto pesamos cada día y cuánto deseamos pesar a fin de año, podemos determinar cuánto peso necesitamos perder.

Cada libra es alrededor de 3,5000 calorías. Si queremos perder 10 libras eso significa 10 x 3,5000 = 35,000 calorías este año. Eso significa que necesitamos perder como una libra (o 3,5000 calorías) cada mes. Entonces, ¿cuántas calorías necesitamos perder cada semana, o quemar cada día, para alcanzar nuestra meta a fin de año?

Necesitamos eliminar 3,000 calorías de nuestra dieta mensualmente.

Eso significa que voy a tener que eliminar 100 calorías al día de mi presupuesto de comida rápida. ¿Qué significa eso para mí personalmente? ¿Es eliminar una gaseosa? ¿Una bebida de Starbucks? (Yo sé que decir "eliminar una bebida de Starbucks" para algunos es escandaloso. Si esa persona eres tú, perdón por ofenderte). Escoge un plan para ti.

La breve incomodidad que sentirás hoy valdrá la ganancia que verás mañana.

¿Cuál es tu rumbo al éxito? ¿Es intercambiar un sándwich de chorizo de desayuno por un yogur? ¿O quizás sea no pedir las papas fritas con tu hamburguesa? O tal vez sea comprometerte a hacer ejercicio cada día de una manera u otra. ¿Qué es lo tuyo? *¡Haz eso!* Redúcelo a algo más pequeño y te dirás, "¡Yo puedo hacer eso y alcanzar mi meta!".

Si tu meta es leer más libros, ¿cuántos libros quieres leer? Si son 12 libros al año, eso significa un libro al mes. Si es un libro al mes, entonces necesitarías leer un cuarto de libro a la semana. Quizás eso significa dos capítulos al día. De esa manera, podrás registrar tu progreso y tus metas a medida que avanzas. La diferencia entre tú y los demás es que la mayoría de la gente tiene un sueño que nunca determinará cómo cumplirlo.

Digamos que tu sueño es escribir un libro. Esa es una tarea grande. Permíteme hacerte esta pregunta: ¿Has comenzado a escribir algo? Si quieres escribir un libro, ¿cuáles son los pasos que necesitas tomar para hacerlo? Evaluemos a dónde estás en este momento. "Es que, no sé cuál es mi estilo". ¿Cómo puedes descubrirlo? ¿Vas a empezar un diario y escribir en él cada día? ¿Vas a comenzar un blog y publicar tres veces a la semana? ¿Vas a contactar a alguna editorial? ¿Vas a acercarte a algún agente que te pueda apoyar? ¿Vas a investigar en Internet cómo escribir una propuesta de libro? Para cada una de las cosas que queremos hacer, midamos y evaluemos cómo llegar allí.

Formulemos un plan de acción.

¿Cuál es tu sueño? ¿Qué necesitarás para llegar a tu sueño? Lo que vamos a hacer a continuación es grabarlo. Vamos a escribirlo.

Una vez *midamos* (M) dónde estamos hoy y *analicemos* (A) lo que está ocurriendo, podemos comenzar a *planificar* (PA) nuestros pasos de acción para llegar a nuestro destino. Escribe tu plan de acción. Escribirlo a mano (en vez de escribirlo en la computadora) nos compromete con el proceso y lo integra en lo profundo de nuestra mente y memoria.

¿Vas a hacerlo? Tienes que planificar para trabajar y luego trabajar el plan. Quizás te quejes diciendo, "Pero he tenido metas antes y nunca funcionaron". Pues nunca antes hiciste este paso. Si no tienes un plan, no funcionará. *La diferencia entre ser efectivo y estar ocupado es tu disposición y compromiso a darle seguimiento y hacer lo necesario para que el plan se cumpla.*

¡Es tiempo de poner las manos a la obra y ser eficaz!

VE MÁS PROFUNDO

> *"Las personas sabias piensan antes de actuar;
> los necios no lo hacen y hasta se jactan de su necedad".*
> —Proverbios 13:16 (NTV).

Deja de pensarlo y *hazlo*. Las palabras de fe que no son acompañas por acciones de fe están muertas. ¡Vamos! ¡No dejes que tus sueños mueran!

La pregunta es: "¿Cómo puedo yo… (termina la oración con tu meta)?".

Ahora, escribe entre 10 a 20 estrategias para *cada* meta u objetivo y determina una fecha límite. En esta lista, para cada meta u objetivo, deberías tener una lista de ideas, desde lo más mundano y rutinario a lo más loco y atrevido. ¡Desafía tu imaginación!

- Desglósalo: ¿Cuál es el plan? ¿Cuáles son los pasos para implementarlo?
- Pasos prácticos: *¡Acompaña tu meta con un plan!*
- Escribe los pasos que vas a tomar y el plazo límite para uno de esos pasos.

Cuánto te tardas en actuar es una buena indicación de cuán exitoso serás este año ¿Cuánto tiempo te tomará iniciar? ¿Eres una persona que ve y hace o necesitas tiempo para contemplar y procesar las cosas antes de comenzar? *Hay estudios que han comprobado que el éxito está directamente asociado con cuánto te tardas en actuar.* Quizás sientas desilusión o decepción. *¡Hazlo a un lado y muévete!*

¡Toma tu bolígrafo! ¡Actúa ahora!

No digas más "Algún día"

"Algún día" no está en el calendario. No puedes hacer nada sobre el ayer, pero estás en completo control de tu rumbo hoy. Así que, cambiemos nuestro rumbo y consecuentemente ¡cambiaremos nuestro destino! ¡Vamos es pos del éxito!

> "Me ha impresionado la urgencia de hacer.
> El conocimiento no es suficiente, debemos aplicar lo que sabemos.
> No es suficiente estar dispuestos,
> debemos hacer las cosas".
> —Leonardo da Vinci

Vamos a planificar para mañana, hoy. La preparación es lo que hace la gran diferencia.

Generalmente me reúno con mi asistente cada lunes. Juntas analizamos la agenda para la semana y así sé bien cuáles responsabilidades tengo esa semana y puedo crear un plan de acción para tener una semana exitosa. Además, cada noche, ella me envía mi agenda del siguiente día. Eso me permite poner mi alarma correspondientemente, planificar mi atuendo, organizarme y determinar qué voy a necesitar para tener un día exitoso. Me da tiempo para pensar en el día que se avecina y para idear, inspirarme y prepararme.

¡Un poco de planificación puede hacer una gran diferencia!

ESCRÍBELO OTRA VEZ, SAM

Escribamos nuestro plan de acción cada día por 30 días seguidos.

De hecho, puedes utilizar unas hojas de ejercicio que regalo en mi página web, *NicoleCrank.com*. Puedes imprimirlas y rellenarlas cada día por 30 días seguidos. No mires atrás; simplemente enfócate en lo que está sucediendo *hoy*.

Sigue expandiendo tu mente. Puede que se te escapen algunos detalles. Puede que te olvides algunos de los pasos. A medida que vayas recordando, escríbelo por 30 días seguidos y así se irá grabando en tu corazón. Se grabará en tu mente; se infiltrará en tu espíritu. Te dará los pasos que necesitas para llegar a fin de año y poder decir, "Mira lo que he logrado".

Para repasar: necesitas escribir entre 7 a 10 metas. Vas a trazar una visión para cada meta y cada objetivo. Vas a mantenerlas en un lugar que las puedas ver. Vas a formular un plan de acción para cada meta y objetivo y vas a leerlo en voz alta diariamente. *Decirlo en voz alta* es una gran parte de la acción. Dilo y luego hazlo. ¡Decirlo nos impulsa a hacerlo! ¿Qué vas a decir en voz alta cada día en consonancia con tu *visión*?

Declara tus metas en voz alta (tal como las escribiste y en el presente). Pronuncia tu plan de acción en voz alta; el plan que utilizarás para cumplir al menos uno de tus objetivos cada día. Así reforzamos lo que repetimos.

Cuando escuchamos algo, tenemos la tendencia de creerlo. Pero ¿sabes quién es la persona a quien más le crees en todo el universo? ¡A ti mismo o misma! Cuando dices algo, lo crees más profundamente que a cualquier otra persona en el planeta que pueda decirlo. Cuando lo dices tú, tu sistema reticular activador –la parte de tu cerebro que controla sistemas como la respiración y el parpadeo de tus ojos– cumple un propósito en ayudarte a realizar las cosas que dices que harás. ¡Sé intencional en decir lo que visualizas para tu futuro!

Personalmente, pienso que declarar mis metas y objetivos de estado físico en voz alta me responsabiliza más. ¡He descubierto que es difícil hacerlo con la boca llena de galletitas de chocolate! Desafortunadamente, es un ejemplo de cuando mis acciones no coinciden con mis palabras. Si honestamente esperamos alcanzar nuestras metas u objetivos, nuestras acciones tienen que alinearse con lo que nuestros labios declaran. La mayor parte del tiempo, nuestras acciones hablan *mucho* más fuerte que nuestras palabras. Por lo tanto, necesitamos hacernos la siguiente pregunta: "¿Qué han estado diciendo mis acciones?".

> *"Hermanos míos, ¿de qué sirve decir que se
> tiene fe, si no se tienen obras?".*
> —Santiago 2:14 (RVC).

"La manera más efectiva de hacer algo es hacerlo".
—Amelia Earhart

Paso cuatro:
OBTÉN RESULTADOS: LOS BENEFICIOS DEL COMPROMISO

DONDE ESTÁ EL PODER

> *"Si pones metas y vas tras ellas*
> *con toda la determinación que puedas reunir,*
> *tus dones te llevarán a lugares que te sorprenderán".*
> —Les Brown

¿Sabías que hay poder en el simple hecho de no darte por vencido o vencida y permanecer en el juego y seguir peleando hasta lo último? Seguir dando tu todo, aun cuando no ves ningún cambio o avance; ¡eso es el verdadero compromiso!

Yo sé que, para algunas personas, pensar en casarse es algo que les da nervios y ansiedad porque es un compromiso bastante grande. A la gente no le gusta firmar contratos a largo plazo por la misma razón. Pero aquí estoy yo hablándote sobre el compromiso. No te asustes. No tengas miedo. Todo va a estar bien. De hecho, tengo fe que no abandonarás tus sueños cuando las cosas se pongan difíciles. ¿Sabías que hay recompensa y beneficios que vienen con el compromiso? (Mmm. ¿Recompensas? Sí. ¿Te sientes mejor después de escuchar eso?).

Cuando estaba en la universidad, escuché una historia de un profesor que enseñaba una clase súper difícil. Sus estudiantes siempre tenían demasiada tarea y proyectos; pero él seguía diciendo a sus estudiantes: "Después de todo esto, te alegrarás de haberlo hecho. Te sentirás orgullo de ti mismo cuando entregues esta asignación".

Todos en la clase hacían su trabajo. No había nadie que no entregara su proyecto a tiempo. Era asombroso. Pasaron las semanas y llegó el día del examen final. Justo antes de distribuir el examen a cada estudiante, el profesor hizo un anuncio. Él dijo, "Si no quieres tomar el examen, no tienes que hacerlo. Tengo una oferta para ustedes: como han hecho su trabajo, fueron constantes aun cuando las cosas se pusieron difíciles, como entregaron todas las asignaciones y proyectos sin falta, les daré una C automática". ¿A quién no le gustaría *una C fácil* en la clase universitaria más difícil? Parecía ser una leyenda urbana.

El profesor luego dijo, "Toda persona que quiera quedarse y tomar el examen tendrá la oportunidad de posiblemente sacar una nota mayor". Uno por uno los estudiantes comenzaron a pararse y evitando la mirada del profesor, salían del salón aceptando la oferta. Todos querían aprovechar la oportunidad única. Eventualmente, la mitad de la clase permaneció en el salón. Aparentemente, el compromiso era demasiado intimidante para algunos.

Si puedes sacar una C sin hacer el trabajo, probablemente pienses, "Me quedo con los huesos". Pero ¿quién quiere huesos cuando podrías comer un bistec, verdad? Tenemos que pensar en las recompensas que llegan con perdurar y no darnos por vencidos y necesitamos pensar en cómo lograrlo.

El profesor entregó los exámenes, boca abajo, y luego dijo, "Este es un examen temporizado. Nadie lo de vuelta hasta que yo diga. Todos lo harán a la misma vez. Pero primero quiero que sepan que estoy muy orgulloso de ustedes por creer en ustedes mismos, por estudiar, por trabajar duro y por no tomar el camino fácil y corto".

Es fácil desviarnos del camino en algún momento. No lo hagas; no abandones. Hay poder en no darse por vencido.

El profesor siguió afirmándolos y diciéndoles cuán orgulloso estaba de ellos. Y luego les dijo, "Ahora pueden voltear sus exámenes". Al dar vuelta el examen, la primera línea decía,

> "Me siento tan orgullo de ti por no darte por vencido/vencida, por creer en ti mismo/misma, y por esta razón… hoy recibes automáticamente una A".

Me pregunto cuántas veces en la vida nos hemos conformado con una C cuando la A estaba a la vuelta de la esquina. Yo quiero una vida A+. Y ¿cómo conseguimos eso? ¡Cuando estamos plenamente comprometidos!

Quizás necesitamos un poco de ayuda para no darnos por vencidos. Definitivamente podríamos aprovechar la tecnología que tenemos a nuestra disposición: "Alexa, recuérdame mañana a las 9 de la mañana que vaya en pos de mis metas". De hecho, toma tu teléfono ahora mismo y pon un recordatorio diario, semanal o mensual. No lo dejes para mañana. Esa es la *implementación* de la cual hemos hablado. ¿Por qué dejar para más tarde (y arriesgar olvidarte) lo que puedes hacer ahora?

Tomemos nuestra lista de metas.

Mírala una vez más. Prepárate. Revisa tus metas y tus objetivos una vez más. Mantén tu *enfoque*. Mantente motivado o motivada, aún mientras haces otras cosas.

¿Qué te motiva?

Hazte la siguiente pregunta: "¿Por qué estoy haciendo lo que hago?".

Escribe tu respuesta y usa la respuesta como tu motivación. Muchas personas se rinden porque en algún momento perdieron de vista lo que los motivaba.

Para mí, la mejor manera de mantenerme comprometida es mantener lo que me motiva a la vista. Imprimo una foto de cuando pesaba 10 libras más de lo que peso ahora y la pongo en algún lugar donde pueda verla cuando hago ejercicio con el fin de recordarme qué puede suceder si no hago ejercicio. Luego, también imprimo una foto de cuando estaba en mi peso ideal (o una foto de otra persona que refleja mi meta). Esto me motiva y me recuerda que 30 minutos de ejercicio al día puede hacer una gran diferente y es posible.

A veces es difícil para mí poner un pie en frente del otro cuando se trata de caminar en la trotadora. Pero esos son pasos que necesito dar para mantenerme saludable. Cuando siento el ardor, estoy sintiendo la grasa en mi cuerpo quemarse (están gritando "¡auxilio!". JAJAJA). ¡Y mi determinación se activa!

Todos estamos rumbo a algo. ¿A dónde te diriges? Aun si has estado distraído o distraída, o si has perdido tu rumbo por completo, puedes hacer un giro y comenzar a poner un pie en frente del otro. Eso es todo lo que necesitas hacer para corregir tu rumbo. ¡Yo *sé* que puedes hacerlo! ¡Vas a lograrlo!

> *"El primer paso para llegar a un lugar es decidir*
> *que no vas a permanecer donde estás".*
> —Chauncey Depew (Senador estadounidense, 1899-1911).

Aquí tienes algo más que necesitas recordar: no te castigues por parar. Celebra el hecho que empezaste otra vez. Al fin y al cabo, *esa es* la definición del éxito: ¡levantarte siempre una vez más cada vez que te caes! El premio no siempre lo gana la persona más talentosa, más rápida ni la más privilegiada. ¡Usualmente lo gana la persona que nunca se da por vencida!

Al verte terminar el manuscrito de tu libro, comprar aquel conjunto que deseas en un tamaño más pequeño, al escucharte hablar sobre la boda que estás planificando, o sobre el auto nuevo que te vas a comprar… que tu empeño cause que otros digan de ti, "¡Es que él/ella no sabe lo que es renunciar!". ¡Es el compromiso lo que te ayudará a lograr tus objetivos!

¡Actúa ahora!

No permitas que este momento se escape. A lo largo de los años, he visto muchas personas buscando aquel milagro o una señal que les cambie la vida. *Muy a menudo, el lugar donde nuestro milagro se desarrolla no es un momento maravilloso o un acontecimiento único; es en aquellos pasos diarios que parecieran ser insignificantes.* Estos son los pasos que te guiarán a tu milagro. ¿Qué estás esperando?

Los pasos que estás tomando hoy, ¿te están acercando a o alejando de tus metas y objetivos?

RECOMPENSA DONDE PIENSAS QUE NO HAY

Los lunes no parece ser el día favorito de la gente… pero ¿¡a quién no le gusta los lunes de pago!? Tienes que hacer el trabajo para recibir tu pago. Yo quiero ayudarte a que te mantengas motivado o motivada y que puedas alcanzar tus metas y verlas realizadas. ¿Vas a ser parte del 25 por ciento de las personas que se rinden dentro de la primera semana del año? Yo no lo creo. Ya pasaste ese punto. Ya formas parte del 75 por ciento. O quizás formas parte del 60 por ciento que se rinde a los seis meses. ¿Te han abatido los primeros 180 días? ¡*No*! ¡Tú sigues parado y determinado a continuar! La diferencia es que tú y yo estamos haciendo este programa juntos.

Quiero recordarte quién eres y cuánto has avanzado. En el *primer paso*, tomaste un papel y escribiste tus metas. ¡Muy bien! Al escribirlas, ya formas parte del 3 por ciento. ¡Así de fácil! ¿Puedes sentir la adrenalina? Luego, al escribirlas con un bolígrafo, te acercaste por un 42 por ciento al cumplimiento de tus objetivos. Otras personas en tu oficina quizás anhelan una promoción, pero tú estás haciendo el trabajo necesario para *obtener resultados*. Algunos de tus amigos están soñando con el verano y el cuerpo que desearan tener, pero tú estás visualizándolo y estás esforzándote para lograr tus objetivos; para cumplir tu visión.

Eso nos lleva al *segundo paso* que dimos: escribimos nuestra visión para tenerla a la vista. ¡Tienes que verlo para serlo! Luego, lo hiciste parte de ti al escribir tus metas cada día por 30 días seguidos. No es un sueño aleatorio sino algo grabado profundamente en tu corazón.

Luego, hablamos sobre el MAPA de acción. El acrónimo M.A.P.A: algunos pasos que podemos dar para llegar al destino que hemos visualizado, ¡con gusto!

Y ahora, el *compromiso*, lo cual me recuerda a una historia verídica sobre Notre Dame...

Había un niño llamado Montana

Montana tenía un tumor cerebral metastásico. Alguien le preguntó al niño, "¿Cuál es tu sueño?".

Montana respondió, "Me encantaría que un jugador del equipo de futbol americano de Notre Dame me visitara". Pero el niño recibió mucho más de lo que soñaba. Un jugador del equipo lo visitó, pero también lo visitó el entrenador principal del equipo. El entrenador Weiss entró a su cuarto y se sentó a su lado y pasó un largo rato conversando con el niño.

El pequeño niño atlético había sufrido una parálisis de las extremidades inferiores y no podía salirse de la cama. Aun así, logró tirarle la pelota con una sola mano al entrenador, de un extremo del cuarto en el que estaban al otro. El entrenador dijo, "¿Hay algo que pueda hacer por ti?".

Montana dijo, "Me gustaría decidir la jugada".

El entrenador le respondió, "¡Pues así será!".

Montana dijo, "En la primera jugada ofensiva en el próximo juego, quiero que pasen la pelota a la derecha".

El entrenador respondió, "Vaya, eso es bien específico. Pero bueno, así lo haremos".

Era un gran compromiso ya que, si el puntaje estuviera reñido, el resultado de todo el juego podría depender de esa jugada específica. Montana falleció un día y medio después de esa conversación. Su madre lo sostuvo en sus brazos en el momento que pasó a estar con Dios. Esa semana, la familia honró la vida de Montana y miraron el partido de fútbol que él tanto amaba.

Efectivamente, en la primera jugada en la línea de scrimmage, el equipo de Notre Dame se vio presionado y el resto del juego dependería de su decisión en ese momento.

Los jugadores dijeron, "Entrenador, ¿cuál es la jugada?".

El entrenador miró a su equipo y dijo, "Ustedes saben cuál es la jugada. Es la jugada de Montana. Vamos a pasarla a la derecha".

Ellos respondieron, "No, eso no va a funcionar".

La familia que miraba el juego en su casa dijo, "No hay manera que hagan la jugada de Montana. Seguramente no lo harán en una situación como esta". Pero efectivamente, el entrenador Weiss honró su promesa. Cuando pasaron la pelota a la derecha, ¡tomaron al equipo rival por sorpresa!

No solo evitaron que el equipo opuesto apuntara, sino que también ¡hicieron el primer "touch down" del juego!

Muchas veces nuestro objetivo pareciera ser imposible. Nos sentimos que simplemente no podemos lograrlo. Pero la Biblia dice que tomes tu visión, la escribas y que luego ¡*corras* con ella! (Montana se sentiría tan orgulloso de ti).

Hablamos sobre esto en la sección de trazar metas y determinar los pasos de la visión. Luego, en la sección del tercer paso, hablamos sobre desarrollar un MAPA y formulamos un plan de acción, todo basándonos en Habacuc 2:2. Ahora, el próximo pasaje bíblico nos lleva al cuarto paso: cómo obtener la recompensa del compromiso. El libro más sabio del mundo dice:

> *"Tardará un poco en cumplirse, pero tú no te desesperes;*
> *aún no ha llegado la hora de que todo esto se cumpla,*
> *pero puedo asegurarte que se cumplirá sin falta".*
> —Habacuc 2:3 (TLA).

Quizás estés pensando, "Nicole, ¡es que no sé si puedo aguantar más! ¡Se está tardando demasiado! ¡Se está poniendo más difícil! ¡Nada ha cambiado!".

Quiero que escribas lo siguiente: *Tardará un poco en cumplirse, pero tú no te desesperes; aún no ha llegado la hora de que todo esto se cumpla, pero puedo asegurarte que ¡se cumplirá!* Yo sé que Dios ahora mismo está trabajando detrás del telón. Él está haciendo un camino donde no lo hay.

> *"¡Todo lo puedo en Cristo que me fortalece!".*
> —Filipenses 4:13 (RVC).

Dios tiene grandes planes para tu vida. Son de bien y no de mal, para darte el futuro que esperas. Quizás no era el plan que tú tenías en mente; fue el plan de Dios que Él puso en tu interior. Los planes de Dios nunca fallan. No te rindas. ¡*Puedes* hacerlo!

¡Hay tanto poder en no tirar la toalla!

LOGRAR: ¿CUÁL RANA ERES?

Este paso es hacer la transición de lo que necesitabas para comenzar a lo que necesitas para *lograr*. *La motivación te ayuda a empezar; el compromiso te ayuda a terminar.*

Siempre estamos rumbo a algo. Cada día desarrollamos hábitos, ya sea intencionalmente o involuntariamente. A veces pasa que involuntariamente silenciamos la alarma como tres veces, nos levantamos y estamos súper lentos, y dependemos de esa taza de café para energizarnos un poco y comenzar el día. Luego, nos apresuramos en la autopista porque vamos a llegar tarde al trabajo. Sin embargo, podríamos ser más intencionados. *La gente exitosa hace lo que la gente no exitosa no está dispuesta a hacer: seguir tomando esas decisiones difíciles (del momento) cuyo valor y resultado es evidente a lo largo del tiempo.*

Recuerdo una vez haber escuchado la historia de dos ranas que se cayeron en un balde lleno de leche. En un principio pensaron que su sueño se había hecho realidad y bebieron hasta no dar más. Estaban felices porque nunca antes habían consumido tanto de esa maravillosa sustancia. Hasta que miraron a su alrededor y se dieron cuenta que estaban atrapadas. Los lados del balde eran demasiado altos para saltar y eran demasiado resbalosos para trepar y salir.

Su sueño se convirtió en una pesadilla.

Llevaban mucho tiempo allí pataleando y sabían que no durarían mucho más. De repente, su final era evidente y fueron envueltas por la depresión y desesperación. Gritaron durante una hora mientras nadaban de un lado a otro y se cansaron aún más.

Una de las ranas finalmente llegó a su decisión final. "No hay esperanza. Estamos condenadas a la muerte. Deberíamos ya darnos por vencidas y morir con dignidad y dejar de patalear y gritar". La rana se rindió, se hundió y se ahogó. Pero la otra rana no pensaba rendirse aún. Ella pataleó y nadó vuelta tras vuelta y siguió gritando sin ver resultados. Las palabras de su amiga rana hacían eco en su mente, "No hay esperanza".

Agotada y sin fuerzas para seguir, la rana finalmente paró y esperó hundirse. Sin embargo, para su sorpresa, no se hundió. Ella había pataleado con tantas fuerzas y por tanto tiempo que la leche se había convertido en manteca. La rana usó lo poco de energía que le quedaba y con todas sus fuerzas saltó y salió del balde. Su compromiso y determinación a continuar, aun cuando las circunstancias no se veían bien, la habían salvado.

> *"No he fracasado, he encontrado 10.000 maneras en las que esto no funciona".*
> —Thomas Edison

La gente exitosa fracasa rumbo a la cima. Rendirse no es una opción. Están determinados a lograrlo. *No se rinden antes de triunfar.* En el camino al éxito, puede haber 10,000 maneras que no funcionan antes de encontrar la que sí funciona.

5 enfoques

Las distracciones son otro obstáculo que pueden impedir que alcances tus metas. Necesitamos tener control de nuestro enfoque. Cuando la vida es incierta, ajusta tu enfoque. Quizás sintamos que el tiempo no nos rinde; que las cosas "urgentes" —enfermedades, proyectos grandes, estrés o el aburrimiento— surgen desprevenidamente. Y entonces, ¿qué hacemos? O nos rendimos o nos *levantamos*.

Quiero que escribas lo siguiente:

- Cinco razones por las cuales no te darás por vencido/vencida.
- Cinco maneras que volverás a levantarte.
- Cinco incentivos para mantener tu rumbo.

Siempre habrá una posibilidad de que las cosas se desvíen. Habrá fracasos, aumentarás de peso, derrocharás dinero o perderás el control. Pero nunca dejes de levantarte y continuar —que aun tus fracasos te impulsen al éxito—. Así aprenderás también lo que *no* debes hacer.

Escribe esto (o escríbelo en tus propias palabras):

Esta es mi declaración:

¡Puedo hacerlo!
¡Puedo hacerlo hoy!
¡Puedo hacerlo bien!

Y mañana, lo haré otra vez… y lo haré mejor.

Ahora dilo en voz alta. ¡Dilo con convicción!

Son las cosas pequeñas que nadie más ve las que traen los resultados que los demás ven y desean. La disciplina cierra la brecha entre lo que quieres y lo que logras. Es el puente entre quién eres y quién quieres llegar a ser.

"Decidirás una cosa, y se te cumplirá".
—Job 22:28 (LBLA).

ES TU DECISIÓN: ¿CUÁL DOLOR PREFIERES?

No existe la vida sin dolor, pero a veces podemos escoger nuestro dolor, y muchos estarían de acuerdo de que hay un tipo de dolor que es mucho más soportable que cualquier otro. Está el dolor de la disciplina y el dolor de la lamentación. ¿Cuál dolor prefieres?

Ser una persona disciplinada es difícil, pero vivir lamentándote por todo es mucho peor. Basado en quién quieres ser, hazte esta pregunta: *"¿Qué tipo de disciplina necesito en mi vida?". La disciplina nos permite cobrar el interés compuesto del dolor de hoy.*

Albert Einstein denominó el interés compuesto como la octava maravilla del mundo porque su efecto es casi mágico. Depósitos pequeños, hechos de la manera correcta, producen resultados increíbles a lo largo del tiempo. Los hábitos, las rutinas, los avances, el esfuerzo y el trabajo que ponemos en práctica hoy pueden producir resultados que jamás imaginamos. Su función beneficia (o perjudica) nuestra carrera, nuestro matrimonio, y cada área de nuestras vidas. Poco a poco… ¡es pan comido!

Pasos pequeños (consideración) compuestos
Cambios pequeños (compromiso) compuestos
Tiempo/práctica (civilidad) compuesto/a

Beneficia:

- Elimina 100 calorías al día compuestas = ¡perder 10 ½ libras al año!
- Ir al gimnasio dos veces a la semana compuestas = un mejoramiento en masa muscular y fuerza.
- Una cita a la semana compuesta = una relación mejor desarrollada, un matrimonio largo y feliz… tu futuro deseado amplificado.

Perjudica:

- Comer no saludable a causa del estrés compuesto = aumentar 10 ½ libras al año.
- No hacer ejercicio porque "no tengo el tiempo" compuesto = estar fuera de forma como nunca imaginaste.
- Nada de afirmación ni afecto en el matrimonio compuesto = infidelidad o divorcio y un futuro que nunca pensaste que enfrentarías.

Quizás no veas los resultados hoy, mañana ni el próximo año, pero ¡valdrá la pena la espera!

> *"El éxito no viene de algo que haces ocasionalmente sino de lo que haces constantemente".*
> —Marie Forleo

CUANDO EL COMPROMISO LLEVA A GANANCIAS: REPENTINAMENTE

Hay una planta que produce flores media azuladas y moradas (y a veces rosadas) y tienen seis pétalos: el jacinto acuático. ¡Es hermoso! Pero si tratas de cultivarlo, puede que te desanimes. No te rindas simplemente porque lo que deseas no es tan fácil de lograr y toma tiempo producir.

El jacinto acuático se asemeja mucho a nuestras metas y nuestros sueños: es elusivo. Nosotros vemos un estanque inmenso de posibilidades y lleno de agua (oportunidades). Un jacinto acuático (tu meta u objetivo) se luce en el centro… y nada pareciera suceder. Pasa 1 día, pasan 8, 14, 18, 25, 29 días… Después de un tiempo, concluimos que quizás es tiempo de rendirnos. Todo el esfuerzo que pusimos para hacer que el jacinto acuático creciera no parece haber funcionado.

De lo que no nos damos cuenta es de que esta planta crece en colonización. Los espolones viajan por debajo de la superficie y se multiplican. Lo que no puedes ver respecto a tus metas y objetivos es que el ejercicio de escribirlos cada día, internalizarlos, visualizarlos y comprometerte está echando raíces. Después de 29 días, puede que la mitad del estanque es solo agua. Pero después de 30 días, *de repente*, el estanque está cubierto con hermosos jacintos acuáticos.

Serán tantos que casi no podrás ver el agua; ¡es asombroso!

El simple hecho que te has esmerado y no estás viendo resultados aún no significa que deberías tirar la toalla. La recompensa vendrá. La única manera de pasar esta situación es atravesarla. (Tengo un mensaje [en inglés] en YouTube titulado "Don't Ring That Bell". ¡Deberías mirarlo!). ¡No te rindas! Para cuando finalmente veas los resultados, estarás tan adentrado o adentrada en el proceso que el estanque (el alcance de tus sueños) estará completamente cubierto.

Puede que tu "de repente" esté a un año… pero ¡valdrá la pena!

Lo bueno se hace esperar

A veces pensamos que nuestro "de repente" tiene que ser algo que nos toma por sorpresa. Pero en realidad, llega en el día a día, llamada por llamada, venta por venta, y centavo a centavo. Mi suegro solía decir la misma frase cuando se refería a hacer las cosas con constancia y de la manera correcta. Él siempre decía, "A ti puede parecerte que estás yendo más lento... pero en realidad estás yendo más rápido".

Cuando era joven, ganaba mucho dinero en el mundo empresarial y logré mi objetivo de jubilarme a los 30. Para entonces había ganado tanto que podía ser voluntaria a tiempo completo. Eso permitió que pudiera dedicar mi tiempo suplir las necesidades de la gente en nuestra iglesia. La iglesia no tenía los medios para darme un salario y yo no esperaba tener uno. Yo simplemente hacía lo que era necesario. No renunciaba cuando me aburría. No me di por vencida cuando nadie me ofreció un trabajo. Simplemente seguía haciendo lo que fui llamada a hacer.

Un año se convirtió en dos años. No gané ningún premio de ventas, nadie anunció mi nombre en alguna reunión importante, no participé en ninguna cena de reconocimiento, ni hice ningún viaje exótico como parte del club de presidentes. Simplemente seguí haciendo mi trabajo voluntario. Dos años se convirtieron en tres años. La idea de usar el avión privado para traer clientes a las oficinas centrales de la empresa para reunirse con los directores generales de repente era una vaga y distante memoria. Tres años se convirtieron en cuatro años. Te estoy dando los detalles porque para mí, mi "de repente" tomó cuatro años y un poco más.

No te canses de hacer el bien. Tarde o temprano verás el resultado de tu esfuerzo y con creces.

En el cuatro año, mi esposo y yo "de repente" fuimos nombrados pastores titulares. En realidad, no mucho cambió para mí; el gran cambio fue que pasé a formar parte del staff. (Finalmente tenía un salario, pero excedía un salario mínimo por muy poco). Igualmente seguí haciendo lo que fuera necesario. Nuestra iglesia comenzó a crecer. A medida que crecimos de 180 personas a 2,000 a lo largo de dos años, pasé a servir como pastora ejecutiva. Mi esposo luego me pidió que predicara ocasionalmente y comencé un ministerio y también una conferencia de mujeres.

Luego abrimos otra sede de la iglesia al otro lado de la ciudad y crecimos al 100 por ciento ese año e inadvertidamente nos convertimos en una iglesia multi sitio y en pioneros de ese modelo de iglesia. Mi primera conferencia se agotó y luego comenzamos a tener eventos mensuales para mujeres. Nuestra iglesia creció tanto que tuvimos que buscar un edificio tres veces más grande. Al poco tiempo abrimos otra sede en St. Louis y nuestro primer campus en Florida, y yo comencé a predicar cada fin de semana en uno de los dos estados.

Hoy tenemos cuatro sedes en St. Louis, dos sedes en Florida y tengo un show de televisión que ha llegado a ser una plataforma internacional y es visto en USA, África y Europa. Este es mi tercer libro y tengo otro que está a punto de ser publicado.

Yo dejé un salario grande por cuatro años de ni siquiera tener un salario. Aun así, Dios proveyó cada una de mis necesidades, deseos y antojos. Finalmente avancé al próximo nivel donde tenía un pequeño ingreso con la intención de mantenerme comprometida a la causa… siempre dispuesta a hacer lo que fuera necesario. Si seguimos trabajando en el presente, Dios se ocupa del futuro, Él está abriendo puertas y honrando nuestra fidelidad.

Yo comparto todo esto para animarte: *¡no te rindas!* Verás el fruto de tu fidelidad en maneras que te asombrarás. ¡Sí, puedes hacerlo!

"Pon todo lo que hagas en manos del Señor,
y tus planes tendrán éxito".
—Proverbios 16:3 (NTV).

SI ASUMES EL COMPROMISO, LO CONQUISTARÁS

No le digas a tu mamá que yo te dije esto, pero te doy permiso a que seas tan terco o terca como una mula.

Había una vez un granjero que tenía una mula que estaba enferma y herida. El veterinario le dio malas noticias al: su mula moriría. El granjero sabía que la mula no duraría mucho más tiempo, pero no se animaba a dispararle. Así que puso a la mula al fondo de un hoyo profundo donde eventualmente moriría y la enterraría.

El granjero no sabía cómo llenar el hoyo, así que decidió poco a poco tirar su basura allí. Por varios días siguió el plan que seguramente funcionaría. Sin embargo, después de un par de días, la mula aún estaba viva, esquivando la basura y esforzándose para pararse. Cada vez que el granjero se acercaba al hoyo para tirar su basura, encontraba a la mula parada encima de la montaña de basura. Llegó al punto de que el granjero iba al hoyo, tiraba la basura, la mula se sacudía, *comía* lo que estaba bueno y luego *pisaba* el resto de la basura bajo sus pies.

Al poco tiempo, la mula comenzó a cobrar vida y mirarse mejor y más fuerte; pero el granjero no sabía cómo sacar la mula del hoyo. Su final ya había sido determinado. La mula tendría que morir en ese hoyo profundo (de depresión, banca-rota, enfermedad y traición). Excepto que la mula no se daba por vencida. Todo lo que la mula tenía para sustentarse era la basura, pero vivir es lo que precisamente la mula haría. Comía lo que podía y pisoteaba el resto. A medida que pasaron los días, y la basura seguía cayendo, la mula comenzó a elevarse cada vez más alto. Tomó varios meses, pero eventualmente, la mula pudo caminar y salir de aquel hoyo cuyo propósito en un principio había sido ser su tumba.

Necesitas comprometerte tanto como la mula de esta historia. Aguanta esas miradas penosas. No te rindas cuando dicen que el pronóstico no es bueno. Comprometerse *no es* darse por vencido simplemente porque algo aparenta haber llegado a su final. Lázaro murió, pero ¡no era su final! ¡Él resucitó de la muerte!

Paso cuatro: Obtén resultados 103

Los sueños muertos también pueden resucitar.

Hubo doctores que me dijeron que tenía cáncer en etapa 4 y que muy probablemente nunca más podría tener hijos. Pero David y yo seguimos creyendo y hoy, mi hija Ashtyn, ¡es una jovencita saludable y feliz! El banco dijo que no podían darnos el préstamo que necesitábamos para una propiedad, pero luego cambiaron de parecer y ¡nos dieron el dinero! Mi mundo fue sacudido cuando alguien jactanciosamente vendió un terreno por una cantidad de dinero que yo no podía costear; pero ese terreno terminó siendo mío y por *menos* de la oferta original.

Simplemente porque te dijeron "*no*"...
Simplemente porque se pone *difícil*...
Simplemente porque toma *demasiado tiempo*...
Simplemente porque algo *imprevisto* sucedió...
... no significa que es tiempo de rendirte.

Esta es la decisión que necesitas tomar: ¿Aún lo quieres? Y ¿sigue siendo lo que Dios quiere para ti?

Entonces tienes dos opciones:

1) Ríndete ahora y cierra el trato: nunca vas a lograrlo.
o
2) Échale un vistazo a lo que acaba de ocurrir y sacúdete como la mula de la historia. ¡Sigue hacía adelante! Yo crecí en St. Louis y las mulas de Missouri tienen la reputación de ser tercas. ¡Ser terco no siempre es algo malo!

Puede que nuestros sueños sean tan grandes que ante nuestros ojos parecen ser elefantes gigantes. Pero hay una sola manera de comer a un elefante: ¡*un mordisco a la vez*!

EJECUSIÓN - (EN EL BUEN SENTIDO)

La ejecución significa hacer algo cuando es fácil y no rendirse cuando se pone difícil. Ejecutar tu compromiso significa TRABAJO. La ejecución es hacer el trabajo. Es no distraerse. Es donde la teoría se pone a prueba. El enemigo puede planificar distracciones, pero no puede planificar tu destrucción. El tratará de distraerte con cualquier cosa pequeña que pueda, pero nosotros necesitamos permanecer aferrados a nuestro plan de ejecución.

Dios no nos dice que seamos fuerte y valientes porque la vida es como Disneyworld. Él nos dice que seamos fuertes y valientes porque vamos a necesitar fuerza y valentía para llegar a nuestro destino. Es precisamente por eso que la fe es fundamental en el éxito. Hay tantas paradas a lo largo del camino; tantas oportunidades en las que podríamos hacernos a un lado y permitir que otra persona ocupa nuestro lugar y persiga el destino que Dios preparó específicamente para nosotros, mientras nosotros nos sentamos en la banca a descansar y *recuperar el aliento*. La clave para terminar nuestra carrera es nunca rendirnos. Necesitamos poner un pie en frente del otro, una y otra vez, aun si pareciéramos perder en vez de ganar. La manera garantizada de perder es rendirse.

Quizás estés pensando, "Pero eso suena demasiado difícil y no parece ser algo bíblico".

¿Eso crees? Si quieres buscar ejemplos de ejecución en la Biblia, quizás no sea la palabra que quieras buscar. La Biblia usa la palabra "diligencia". Mira a continuación:

> *"También yo procuraré con diligencia,*
> *que después de mi fallecimiento,*
> *vosotros podáis siempre tener memoria*
> *de estas cosas".*
> —2 Pedro 1:15 (RVC).

Tener pensamientos de fe, confesar palabras de fe, y tener ejecución (implementar) –donde las palabras de fe se convierten en acciones de fe— es lo que te capacita para cumplir ese deseo, sueño, negocio, llamado, plan... *eso que Dios ha puesto dentro de ti. Dios no hará lo que Él puede hacer hasta que nosotros hagamos todo lo que está a nuestro alcance.* Para multiplicar lo que Dios ha invertido en ti, (su amor, su hijo, la creación, el aliento, los talentos, dones, planes, y propósito) tienes que poner en práctica la ejecución. El gran entrenador Vince Lombardi dijo, "Tendrás razones o tendrás resultados. ¿Cuál quieres?".

En mis años en escuela secundaria yo era porrista. (¿Será que eso me califica para decir lo siguiente?). Usa este libro para lanzarte al éxito... úsame como tu motivadora personal... como tu inspiración para salir de las gradas y entrar al juego. Usa esto como tu razón para dar ese paso de fe y cumplir tu destino. ¡Vamos! ¡Ve y hazlo! ¡Tú puedes! ¡Yo te estoy alentando a hacerlo!

Siempre me ha gustado cantar. Canto en el baño con mi hija. No soy tan mala... pero tampoco soy tan buena. En la escuela secundaria me presenté en una audición y fui escogida para el papel principal en una obra musical, lo cual abrió puertas a otras presentaciones musicales en mi ciudad. Pero eso es lo más lejos que llegué. Siempre me pregunté si debería haber hecho más con ese talento.

Hoy al fin puedo entenderlo.

Cuando mi hija era pequeñita, yo solía cantar con ella (ella es *mucho* más talentosa que yo). Hoy puedo ver y entender que mi talento y mi amor por la música motivaron a que mi hija ejerciera su don y lo desarrollara mucho más que yo. Yo le cantaba cuando ella era bebé, mientras la mecía para dormirla. Yo le cantaba mientras la bañaba en la bañera. En cada actividad que hacíamos, cantábamos. Lo que yo hacía no se trataba de mí. Mi pequeño don había sido puesto en mí para que yo alentara a mi hija a practicar, desarrollar, crecer y para que no renunciara a su increíble talento. Todos necesitamos a alguien que nos motive a desarrollar los talentos que Dios nos dio. Ese es mi trabajo... ¡ser su fan número uno!

Yo quiero hacer lo mimo por ti. ¡Vamos! ¿Qué es lo primero que vas a hacer hoy para comenzar a ejecutar tu plan? Porque va a requerir práctica.

LA PRÁCTICA HACE AL MAESTRO

Algunos dicen que, para llegar a ser excelente en algo, tienes que pasar 10 años o tener 10,000 horas de experiencia. Así que, si quieres ser cantante, más vale que cantes todos los días sin parar para lograrlo antes de los 30.

Tomemos por ejemplo a los atletas profesionales. Los jugadores de baloncesto profesionales no comenzaron a jugar en el colegio. Eran niños que jugaban cada tarde y noche al salir de la escuela. Nunca se rindieron. Perfeccionaron su don hasta que llegaron a ser lo suficientemente buenos para que alguien los notara. Jugaban cuando tenían ganas y aun cuando *no* tenían ganas ¿Quién quiere hacer 100 tiros libres, uno tras otro, cada día por cinco días después de haber jugado por diez años? Michael Jordan. ¡Por eso es tan famoso!

Una vez hayamos identificado nuestras metas basadas en nuestros dones y talentos (ya sea cantar, jugar al baloncesto, negocios, inventar, escribir, organizar, cuidado de niños –lo que sea—), necesitamos comenzar a usar esos dones y talentos todo el tiempo. Necesitamos planificar como corresponde. Todos queremos destacarnos y ser reconocidos. No es razonable esperar ser reconocidos cuando solo hemos practicado por un año. Así no es como funciona. Recuerda, tomará 10,000 horas (aunque tengas talento natural) para perfeccionar tu talento, entenderlo, desarrollarlo, y saber cómo superar los obstáculos relevantes sin que te vean sudar. Toma tiempo poder fluir en tu llamado. Toma tiempo llegar a la excelencia.

Dale tiempo. Haz lo tuyo. Hazlo bien. Y hazlo lo más que puedas.

Cada hora que inviertes en el don que Dios te ha dado te acerca a la excelencia. Estarás una hora más cerca al cumplimiento del destino que

Dios tiene para ti. ¿Cómo has visto en tu vida el impacto del tiempo que has invertido en tus dones y talentos –tiempo invertido en practicar, ser diligente, o desarrollar—?

Ahora, haz una pausa por un momento y ve a practicar. ¡*Eso* es compromiso!

¡SIENTE EL SUDOR!

En 1519, Hernán Cortés fue el primer explorar español que llegó a Méjico. El trajo consigo 553 soldados y 11 barcos. Pensarías que eso sería suficiente para invadir y conquistar a un país. Sin embargo, se encontraron allí con más de cinco millones de habitantes.

Las probabilidades eran más o menos un soldado por cada 7,500 nativos. No eran buenas probabilidades. Cuando sus hombres se dieron cuenta a qué se enfrentaban, se asustaron y se querían regresar a sus casas. Por lo tanto, Cortés dio la orden: "¡Quemen los barcos!". No había un "Plan B". Eso era un compromiso total. ¡No había retorno!

Nueve de diez veces, la gente se retira; no cuando las circunstancias *se ponen* difícil, sino cuando las cosas *aparentan* ponerse difíciles.

Lee la última frase otra vez en voz alta.

¡El enemigo es un mentiroso! Él quiere que tú digas, "no" a las oportunidades. Él quiere que te estanques en el pasado.

> *"Hay una diferencia entre el interés y el compromiso.*
> *Cuando estás interesado en hacer algo, lo*
> *haces solo cuando es conveniente.*
> *Cuando estás comprometido con algo, no*
> *aceptas excusas, solo resultados".*
> —Kenneth Blanchard

Ya te conté que dejé mi trabajo en el mundo empresarial en el año 1999. Eso fue en los tiempos que se usaba la conexión de Internet "dial-up" y las ventas se hacían en papel. Yo tenía una caja de clientes potencial con fichas que medían 3x5. ¡Era una mina de oro virtual! En cada ficha tenía escrito el nombre de la empresa, la persona de contacto, el número de teléfono, el email, su valor y el tipo de negocio.

Todas esas personas *querían* hacer negocios conmigo, pero estaban aún bajo contrato. Yo sabía cada una de sus fechas de renovación y ¡el futuro se veía brillante! Mi embudo de ventas estaba lleno de clientes potenciales. Cuando Dios me dijo que renunciara a mi trabajo, yo no estaba segura cómo mi esposo tomaría esa noticia. Yo ganaba *mucho* dinero. Cuando le dije, "Mi amor, yo creo que debo renunciar a mi trabajo", él me dijo, "He estado esperando que me lo dijeras porque yo también creo que debes renunciar a tu trabajo".

Cuando renuncié a mi trabajo, y a mi salario alto, para convertirme en voluntaria en mi iglesia, puse mi caja de oro llena de clientes potenciales en una repisa en mi closet, donde estaría a salvo. *Al fin y al cabo, no sabía si lo de la iglesia funcionaría. Puede que la necesite algún día.* Luego, un día, mientras estaba orando, Dios comenzó a hablarme sobre esa cajita. Él me dijo, "¿Por qué necesitas tener eso guardado en tu closet?".

"*No sé*", respondí yo, haciéndome a la tonta conmigo misma y con Dios (apropósito, eso no funciona). "*Quizás algún día la venda. Sí. Eso es lo que haré*".

Dios respondió, "Vas a quemar esos clientes potenciales". ¡Eso no tenía nada de sentido! "Nicole, quiero que vayas al patio y quemes cada uno de esos clientes potenciales". Yo no quería hacerlo. Puse mala cara. Me llené de duda. Se me ocurrieron una docena de razones por las que esas fichas necesitaban permanecer en mi ropero. Pero yo sabía que estaban allí porque eran la manera en que podría algún día volver al mundo empresarial del cual ya no debía formar parte. Así que tomé algunos fósforos y líquido inflamable y fui al patio. Me paré allí un buen rato mientras miraba cientos y miles de dólares de información irreemplazable hacerse cenizas. Eso era compromiso total.

"No puedes volver atrás. Nicole, ahora trabajas para mí. ¡Quema todos los barcos!".

¿Hay algo en tu vida que Dios quiere que quemes y sueltes para que puedas avanzar? (¿Tienes fósforos?).

EL CÍRCULO DE AMIGOS ADECUADO: LAS PERSONAS CORRECTAS; LOS RESULTADOS CORRECTOS

Nuestras metas no se tratan únicamente de llegar a nuestro destino sino de permanecer allí. Poco a poco, paso a paso, escuchamos, aprendemos, mejoramos y crecemos en conocimiento, fuerza y carácter. Obtener la orientación adecuada (como mi club "Circle of Friends" [Círculo de amigos]) lo cambia todo.

No le cuentes tus metas a personas que quieren pasarte por encima. Cuéntaselos a la persona que no te permitirá tirar la toalla cuando las cosas se ponen difíciles; la persona que va a levantarte, creer en ti, y orar por ti. Comparte con alguien que sea confiable, que te recordará tu responsabilidad cuando sea emocionante *y también* cuando lo que haces sea laborioso. Sé intencional en buscar al menos una persona que pueda celebrar tu destino y tu recorrido y también desafiarte a que *sigas* avanzando. Identifica quiénes son las personas que te motivan y, como el hierro, afilan el hierro.

Una vez leí por ahí que somos la suma total de las cinco personas con quién más tiempo pasamos. Básicamente, toma el estado relacional, pasatiempos, actitud, motivación, promedio de ingresos y otras cosas más de esas cinco personas y saca el promedio: tú eres el promedio. Por lo tanto, ¿quiénes son esas cinco personas en tu vida?

Muchas de esas personas probablemente ya están a tu alrededor y no se sienten amenazadas por tu progreso hacia tu meta. De hecho, muy probablemente son personas que han aportado a ese progreso. Esas son las personas que necesitas que oren contigo; esas son las personas que te desafiarán y te animarán. Puedes compartir con esas personas sin temor. Esas personas no te dirán cualquier cosa para complacerte; te dirán la verdad y serán amables con tus sentimientos.

Todos tenemos el llamado de alzar la mano a alguien que está donde nosotros deseamos llegar, pero también alzar la mano a alguien que trata llegar a donde nosotros estamos.

Ese es el mejor círculo: un círculo en el cual podemos aprender unos de otros. *No se trata únicamente de ti. Necesitas volcar en otros para hacer espacio y que otros puedan volcar en ti también.*

Necesitas contar con una persona a quien puedas rendir cuentas. Necesitas a alguien que tenga la autorización de enfrentarte y decirte cuando te estás quedando atrás. Necesitas a un amigo que esté dispuesto a permanecer a tu lado en los tiempos difíciles, y cuando sea tiempo de celebrar, que esté dispuesto a romper su dieta para comer helado contigo. ¡Necesitas aliento!

La Biblia dice que, cuando haces un ayuno, no deberías jactarte al respecto. Pero cuando yo hago un ayuno, yo le cuento a mi familia. No lo hago para jactarme sino para que me ayuden. De esa manera también no me tentarán ni me mirarán raro si rechazo el helado. Si me propuse a tomar solo un café al día, ellos lo saben y me lo recuerdan y me ayudan a ser honesta si me olvido o se me pasa por alto. Mis hijas dicen, "Mamá, ¿A caso no tomaste ya un café hoy?".

La persona a quien puedas rendirle cuentas puede encaminarte con un poco de presión positiva. "¡Mantén el rumbo!". Ese es el tipo de persona que necesitas como apoyo. Rodéate de personas de calidad. ¡Muéstrame tus amigos y te mostraré tu futuro! No todas esas personas necesitan ser personas con quien te sientes cara a cara. Yo personalmente he recibido orientación del grandioso Tony Robbins, John Maxwell, Patrick Lencioni y muchas más. La mayoría de ellos solo he tenido el placer de conocerlos cara a cara una o dos veces, pero generalmente me reúno con ellos en mi baño.

¿A qué me refiero?

Mientras me alisto por las mañanas, no pierdo ni un minuto de mi tiempo. Ellos hablan (por medio de series de entrenamiento, "círculos de amigos", audiobooks, vídeos de YouTube, podcasts y otros) y yo escucho. Ya sé lo que yo sé. Ahora necesito saber lo que *ellos* saben. Quiero que formen parte de mi top cinco.

¿Quién te gustaría que forme parte de tu top cinco personas de influencia?

1. _____

2. _____

3. _____

4. _____

5. _____

6. _____

7. _____

Yo sé: puse siete líneas. ¿Por qué? Porque tu círculo de amigos (que apropósito también es el título de un grupo de colaboración en el cual doy orientación y entrenamientos mensualmente y ofrezco a los miembros la oportunidad de escuchar de algunos de mis amigos y contactos más ricos y sabios en el mundo empresarial y ministerial) no está limitado a solo cinco, ni siquiera siete, personas. Esos son ambos buenos números, pero quizás tengas un par más, y si los tienes, ¡te aplaudo!

El compromiso te paga con recompensas. Así que analiza la prueba y analiza la recompensa. ¿Qué recibo a cambio?

Paso cinco:
¡CELEBRA! DISFRUTA LA RECOMPENSA

Es tiempo de reestructurar el significado del éxito, aceptar las cosas que *aún* están en nuestra lista de que haceres, y celebrar nuestros logros.

¿Por qué será que lo más fácil de dejar para mañana es la celebración de lo que logramos hoy?

En vez de salir de las minas de sal frustrados por la sal que no logramos sacar, qué tal si nos enfocamos en ¡cuánta sal *sí* logramos sacar! Respiremos y seamos felices y agradecidos por los logros en vez de ser tan "salados" por las cosas que aún no hemos logrado. (Por lo general ni siquiera son pérdidas, simplemente son futuras ganancias).

¿Cómo celebras y sigues avanzando al mismo tiempo? Hay varias maneras de hacerlo y la primera suena aburrida, pero es increíblemente importante.

NECESITAS DESCANSAR

Seguramente va a haber alguien que lea este libro que tenga el deseo de renunciar a su trabajo.

Pero quizás Dios no te está llamando a hacerlo. Quizás lo que verdaderamente necesitas son unas vacaciones... una pequeña recompensa por tu trabajo. ¿Qué tal si lo que simplemente necesitas es un buen descanso para que tu mente esté alerta para terminar el trabajo? Probablemente pienses, "¡No hay tiempo para descansar!". Honestamente, no tienes tiempo para darte el lujo de *no* descansar. (Esta es la sección que yo regularmente necesito leer para mí misma. Simplemente estoy siendo honesta).

Necesitas tiempo para poder afilar tu hacha. "¿Afilar mi hacha? ¿Qué significa eso?". Permíteme hablar un poco más sobre esto por un minuto.

Hay una historia sobre dos leñadores en los años 1900s que competían por un trabajo. El dueño les dijo, "Este es el trato: Necesito limpiar 500 acres de terreno. Le daré el trabajo al que pueda cortar más árboles en un día".

Los dos hombres agarraron su hacha y comenzaron a trabajar. El primer hombre no desayunó, no almorzó, no se tomó ningún descanso (¡ni siquiera para ir al baño!). Trabajó tanto que tampoco cenó. Cortó árbol tras árbol, lo más rápido posible, desde el amanecer hasta el atardecer. ¡No se detuvo por nada; ni una sola vez! Él estaba tan orgulloso de sí mismo porque estaba seguro que se había ganado el trabajo... especialmente porque el segundo hombre se había tomado varios descansos y hasta había desaparecido por un rato (lo cual el primer leñador supuso que habría sido que necesitó usar el baño). El segundo leñador paró para almorzar y también para cenar. "*¿Qué estará haciendo?*" Se preguntaba el primer leñador. "*¡Es un perdedor!*".

Al final del día, el dueño regresó para anunciar quién era el ganador... y ¡adivina qué ocurrió! El primer hombre, quien había trabajado todo el día sin parar, en realidad había sido *menos* productivo. Él tenía menos árboles en su montón que el leñador que había parado varias veces. ¡No lo podía creer! El leñador ganador, quien se había tomado todos los descansos posibles explicó: "Cada vez que me tomaba un descanso, ¡afilaba mi hacha!".

¡Ese es el poder de un descanso!

Eso es lo que unas vacaciones pueden hacer. Eso es lo que unos días de un "staycation" (unas vacaciones en casa) puede brindarte. Alivia la "fatiga de toma de decisiones". Descansar significa permanecer quieto o quieta hasta que te aburras. Es dormir hasta que te despiertes de manera natural (sin una alarma ¡ni por el estrés!).

A la mayoría de las personas les toma entre 2 a 3 días comenzar a relajarse. En entonces que el verdadero descanso comienza. Para mis amigos que son adictos al trabajo (aquí le estoy hablando a mi tribu de amigos; y yo soy una de ellas), una semana de vacaciones no es suficiente. Los adictos al trabajo van a necesitar dos semanas de completa desconexión, para poder sanar y volver al ritmo otra vez. La vida no es una carrera corta… es una maratón, y los corredores de maratones no la corren todos los días. ¡¿Cómo esperas poder hacerlo tú?!

¡Corre… descansa… corre otra vez!

Mantente en el centro

Hace unos años, empezamos una tradición nueva en nuestra familia. Nos encanta ir a la ciudad de Nueva York y mirar el desfile de Macy's del día de Acción de Gracias. La última vez que fuimos, fuimos a ver las Rockettes en Radio City Music Hall. ¡Es increíble! Una de las partes más lindas del show es cuando forman un molinete gigante de humanos y rotan en el escenario… como las hélices de un ventilador gigante.

Las chicas que están al final de la línea luchan y tienen que esforzarse más por mantenerse en sintonía. Pero a mí se me hizo interesante que las muchachas en el centro casi ni se movían. Cuanto más cerca estamos del centro (nuestra meta y nuestro propósito), menos luchamos. De hecho, es prácticamente sin esfuerzo. De todos modos, las Rockettes han pasado horas, días, semanas practicando esos movimientos para tener la memoria muscular y hacerlo con excelencia.

Al estresarnos en vez de descansar, estamos sobreestimando nuestra propia capacidad de controlar la situación y subestimando el poder de

Dios para manejar todas las cosas. La mayor parte del tiempo, son cosas tontas que nos roba el sueño. *Hay una gran diferencia entre una buena idea y una idea de Dios.* Nunca me olvidaré lo que un hombre sabio dijo una vez, "No fue lo que Dios me dijo que hiciera lo que casi me mató sino lo que yo decidí hacer sin Él".

Mantén lo principal lo principal –tu llamado y propósito dado por Dios– y observa como lo que solía ser difícil se hace más fácil.

Duerme más

Dormir es bueno para ti. Dormir es sanidad. No es solamente descanso físico sino también ¡descanso para el *alma*! Necesitas darle el control a Dios. ¡A veces es difícil! Comienza por entregarle a Dios las cosas pequeñas y luego gradualmente dale el control de las cosas grandes. No necesitas tener cuidado de absolutamente todo. ¡Suéltalo! Rinde tus preocupaciones a los pies de Cristo. ¡Ya no está en tus manos!

Aún si sabemos que necesitamos descansar, para muchos de nosotros, sigue siendo una lucha constante. Nos negamos el permiso de disfrutarlo. Necesitamos pelear por nuestro tiempo de descanso. La duda se infiltra y pregunta: *¿Estaré haciendo lo correcto?* La preocupación susurra: *¿Podrán ellos manejar las cosas sin mí?* La culpa dice: *Yo sé que todo probablemente estará bien… pero ¿verdaderamente necesito entregar mi responsabilidad a otra persona?*

¡Deja de resistirte!

Dios necesita de tus talentos únicos. Necesita lo mejor de ti. ¡Él necesita que descanses o te agotarás y no serás útil para nadie! Necesitas reconocer que estas son mentiras del enemigo con el fin de hacerte dudar de ti mismo o misma y robarte tu descanso.

Hay un sinnúmero de maneras naturales para mejorar tu descanso. Una de las maneras es parar de trabajar a cierta hora; apagar tu teléfono; resistir el impulso de revisar constantemente tu email. En cambio, haz algo que ayude a que tu mete descanse; haz algo que disfrutes; lee un libro; mira una película; sal con tus amigos y familia.

Hay cosas simples que puedes hacer, como poner aceite de lavanda en tu almohada o tomar suplementos de magnesio o melatonina (pero primero consulta con tu doctor o profesional médico) que pueda ayudarte a descansar y reducir el estrés. Compra sábanas y una almohada cómodas para que disfrutes acostarte en ellas. Prueba implementar una rutina de relajación para que tu mente empiece a entender que es hora de descansar.

Prueba bañarte con sales o aromaterapia. Reduce la intensidad de las luces (o apaga algunas) antes de lavarte los dientes y lee un devocional o un par de páginas de la Biblia para relajar tu espíritu. Di o piensa en diez cosas por las cuales le das gracias a Dios ese día. Lo que sea que te ayude para darle a tu mente la señal o idea de que ya es hora de dormir.

Mímate (Nadie lo hará por ti)

Admito que a veces tengo el espíritu de mártir. Usualmente no me siento hasta haber completado mis tareas y que todo esté listo y en su lugar. Tan pronto como sé que todos están bien, *luego* me puedo relajar (pero eso casi nunca pasa porque siempre hay algo más por hacer). Al mismo tiempo, no hay nada malo con aceptar algunos mimos. Si otra persona me pinta las uñas de los pies y me da un masaje, ¡eso me hace feliz! Cambia mi estado de humor y me relaja. Y soy mucho más amable cuando estoy relajada.

Establece un presupuesto para una manicura o un masaje; o convence a alguien en tu familia que te dé un masajito. Date un paseíto al campo a jugar un poco de golf. Ayuda a alguna jovencita en tu vecindario y págale para que cuide a tus niños por unas horas, o para que los lleve al cine, al parque o cualquier otro lugar lejos de ti por un ratito.

Si eres como yo, quizás te sientas un poco culpable al mimarte. Cuando cumplí 40, David me sorprendió a mí y a mis amigas con un conductor que contrató para que nos buscara y nos llevara a que nos pinten las uñas de los pies y nos den un masaje de relajación. ¿Por qué incluyó a mis amigas? Porque sabía que probablemente no iría si era yo sola.

Hace poco estábamos de vacaciones y le dije a mi esposo que una de las cosas que quería hacer antes de irnos era hacerme una pedicura. Pero nunca encontramos el momento adecuado así que nunca me hice la pedicura, pero yo no me hice problema por ello. Pero tengo el círculo correcto de personas en mi vida que me ayudan a celebrar. Mi esposo me subió a su motocicleta y yo pensaba que íbamos a hacer algo para él, así que le seguí la onda. Pero para mi sorpresa, me dejó en el salón. Yo recibí servicios de chofer y él se ganó un montón de puntos por cuidarme. Todo lo que él hizo fue llevarme, dejarme allí y luego buscarme.

Dios sabe que para algunos de nosotros es más difícil descansar, relajarnos y tomar las cosas con calma. Por la noche, cuando el mundo se pone silencioso, finalmente puedo pensar y meditar sobre todas las cosas y todas las respuestas llegan a mí mientras duermo. Salto de la cama para escribir (o me acuesto despierta, asustada que me voy a olvidar) y luego trato de dormirme otra vez.

¡Eso *no* es descanso (pero *por eso* tengo mi agenda al lado de mi cama)!

> *"Procuremos, pues, entrar en ese reposo,*
> *para que nadie siga el ejemplo de los que desobedecieron".*
> —Hebreos 4:11 (RVC).

De eso se trata el Sabático: ¡un día de *reposo* (de respirar con calma)! ¡Un día para renovarnos, revitalizarnos, rejuvenecernos y revivirnos!

Así que, hoy, oficialmente, te doy permiso de mimarte. Orden del doctor. ¿Qué significa eso? Aparta una para ti. O dos. Quizás tres. ¿Por qué no cuatro? Mímate un poco. Tu cuerpo fue creado por el Creador del universo para reposar. Él mismo lo modeló. En el séptimo día, Él descansó. Si Dios descansó, entonces nosotros también podemos mimarnos con un poco de descanso o relajación o tiempo para disfrutar sin sentirnos culpables... ¿o no?

*Quizás no estés donde te gustaría estar,
pero tampoco estás donde solías estar.*

Elimina la culpa

Me siento *culpable*. Llego a mi oficina tarde (casi todos los días) y me siento culpable por no estar con mi esposo o mis hijos. Pero cuando paso tiempo con mi familia me siento culpable por no estar trabajando (aun en mis días libres). ¡Qué irónico, ¿verdad?! Pero no creo ser la única persona que se sienta así. Cuando estoy con mis hijos, siento que no estoy dándole suficiente atención a mi esposo. Cuando decido hacer algo solo con mi esposo, me siento como que estoy haciendo a un lado a mis hijos. No importa con quién pase tiempo –mi perro, los vecinos, el convenio PTA, mis amigas, o pasar una hora sola– ¡me siento culpable! ¿Cómo puede eso ser un beneficio o una recompensa?

Recuerdo cuando mi esposo y yo éramos recién casados. Acabábamos de comprar un proyecto de rehabilitación, quiero decir, una casa. Estábamos trabajando día y noche convirtiendo la casa que podíamos costear en la casa de nuestros sueños (al menos por un tiempo). Para ahorrar dinero decidimos hacer la mayor parte del trabajo nosotros mismos… hasta que una noche… el plato de chili que me había comido la noche anterior no me cayó muy bien.

Yo no quería que mi esposo nuevo supiera lo que estaba sucediendo tras puertas cerradas. Así que le dije que no me sentía bien y me fui a acostar. Después de una hora, él necesitaba buscar algo en el cuarto. Lo escuché murmurar y quejarse de tener que hacer un trabajo de dos personas solo. En un tono gruñón dijo,

"Al menos yo no soy *vago*…".

¡Eso me dolió! ¡Yo no soy *vaga*! De hecho, ¡soy completamente lo opuesto! ¡Soy una cumplidora de objetivos! ¡Hago todo lo posible por ganar! ¿Cómo podría él decir eso de mí? ¿Por qué nos importa tanto lo que otras personas piensan de nosotros? *El simple hecho que lo piensen no significa que sea cierto*. El tiempo tiene una capacidad fenomenal de revelar la verdad. No tenemos nada que comprobar. Yo traté de levantarme y ayudarlo, todo porque me sentí culpable. Le ayudé un poco y luego tuve que regresar a la cama.

Una semana después, estábamos en nuestra habitación en un hotel durante una conferencia. Fue una de las primeras veces que viajamos juntos profesionalmente y como pareja. Estábamos tratando de determinar nuestros planes y de repente, él no se veía tan bien. Ambos extremos de su cuerpo le alertaron al mismo tiempo que algo no estaba bien. Fue el mismo efecto que tuvo el chili en mí cuando él me llamó vaga. Yo golpeé la puerta de su baño y le pregunté si podía ayudar en algo, pero él se sentía avergonzado y me pidió que por favor le diera espacio.

Más tarde esa noche, al meterse en la cama, se disculpó una y otra vez.

"¡Perdóname que te llamé vaga! ¡No tenía la menor idea!".

Mi culpabilidad por recostarme causó que me levantara y tratara de ayudar, pero parece que terminé infectándolo a él también.

¡La culpa es una herramienta del enemigo! Por alguna razón, la culpa se *siente* como lo correcto o justificado. Pero nuestras emociones son locas, inconstantes y frecuentemente inestables. Es aquí donde eliminamos la culpa. ¡Me tomó tiempo aprender esto! ¡Elimina la culpa! ¡Elimina la culpa!

Entiendo que quizás te sientas como que estás siendo vago o vaga en tu trabajo al descansar, pero en realidad estás haciendo lo mejor para todos.

"La culpa: un regalo que rinde para mucho".
—Ema Bombeck

Necesitas un pasatiempo

En los Estados Unidos, nos desempeñamos tanto en nuestro trabajo que pensamos que, para ser exitosos, no podemos tomarnos tiempo libre para un pasatiempo. Pero en realidad, es difícil verdaderamente ser exitoso sin un pasatiempo o algún interés especial. Un pasatiempo es una *razón* para romper la rutina y relacionarte con otras personas, hacer algo que disfrutamos y que alivie el estrés. Quiero hacerte algunas preguntas:

- ¿Tienes un pasatiempo?
- ¿Cuál/qué es?
- ¿Es algo que puedas hacer con otras personas?
- ¿Cuándo fue la última vez que lo hiciste?

Si no tienes un pasatiempo, quiero que pienses en tres cosas que podrías disfrutar y hacer con otras personas para distraerte un poco.

Necesitas tomarte un descanso del trabajo. Necesitas algo que te permita desconectarte de la presión. Las actividades le permiten a tu cerebro hacer algo completamente diferente. No se trata solo de divertirte sino *descansar*. Cambia de marcha y ve la extra milla. Si sigues tratando a tu cuerpo como si la vida fuera una carrera corta, será como manejar desde Nueva York a Miami en *primera*. ¡Cambia de marcha! Baja tu RPMs. Este secreto te ayudará a llegar más lejos y más rápido.

CARGA TU TANQUE

Una monja que trabajaba para un hogar de niños local en las afueras de la ciudad iba de camino a una cita cuando su auto se quedó sin gasolina. En cuanto se dio cuenta que había una estación de gasolina tan solo a una cuadra, inmediatamente comenzó a darle gracias a Dios. Usó el poco de energía que le quedaba y caminó hasta la estación para ver si le podrían prestar un poco de gasolina.

Al legar allí, el empleado de registro en la estación de gasolina le dio la lamentable noticia de que acababa de prestar el único bidón de gasolina que tenía. ¿Qué iba a hacer ahora? La monja, muy cansada, decidió caminar de regreso a su auto y buscar algún tipo de recipiente que pudiera usar para cargar un poco de gasolina. Entre las cosas encontró una bacinilla que había usado para cuidar de uno de los huérfanos del hogar. Agradecida que esa bacinilla estaba en su baúl, la tomó y volvió a la estación de gasolina una vez más, la llenó de gasolina y caminó de regreso a su auto.

Luego, mientras vertía la gasolina en el tanque usando la bacinilla, se dio cuenta de que dos hombres, parados al otro lado de la carretera, la estaban observando. Uno de ellos se acercó al otro y le dijo,

"Yo sé que Jesús convirtió agua en vino, pero si ese auto arranca, ¡iré a la iglesia todos los domingos por el resto de mi vida!".

Puede que el acto de recargar o reabastecer no sea lo que esperabas. Y seguramente no será lo que otros esperan. ¡Necesitas descubrir qué funciona para ti! (¡Espero que no incluya una bacinilla y un auto sin gasolina! JAJA).

¿Qué necesitas para recargar tu tanque?

En el lugar donde yo trabajo, no nos dan días libres por enfermedad. Es nuestra esperanza que no tengas que desperdiciar un día por sentirte mal. En cambio, tenemos días personales. Si llamas y dices que estás enfermo, oraremos para que te sientas mejor y para que disfrutes cada momento.

¿Estás estancado o estancada tratando de proponer ideas de cómo reabastecerte? A continuación, te doy siete ideas para que comiences:

#1 – Consíguete una manicura y pedicura. A Jesús le hicieron una pedicura (¿recuerdas la historia del alabastro?) y ¡no encontrarás a nadie más macho que Él! Chicas, si no les gusta darle un masaje de pies a sus esposos, llévenlo con ustedes y háganlo juntos. Deja que otra persona haga el trabajo mientras tú disfrutas el beneficio.

#2 – Súbele el volumen a la música. ¿Recuerdas lo fácil que era perderte en la música? Eras libre y no tenías ninguna preocupación hasta que tus papás te dijeron que bajaras el volumen. ¡Yo te doy permiso a *subirlo*! Baila en tu sala como si nadie te estuviera mirando. Tus hijos se reirán y te dirán que te ves chistoso o chistosa. ¡Pero eso lo hace más divertido aún!

#3 – Date un paseo por el vecindario donde te gustaría vivir. Elige la casa que te gusta, el tipo de pasto que tú elegirías y ¡sueña! Si no te gusta manejar, sale a caminar. A veces lo que necesitas es salir de la casa; respirar un poco de aire fresco y ver todas las cosas hermosas que hay a tu alrededor.

#4 – Pon tus hijos a dormir temprano y dedica el resto del día para ti. Enciende algunas velas y métete en la bañera. O, si eso no es lo tuyo, ve al gimnasio y usa tu energía. Y no te sientas culpable por cuidarte a ti misma. Cuando cuidas de tu salud, puedes tener una vida saludable. Un poco de tiempo a solas no le hará daño a nadie.

> *"Necesito estar a solas muy a menudo. Sería feliz si pudiera estar sola en mi apartamento desde el sábado por la noche hasta el lunes por la mañana. Así es como recargo mi energía".*
> —Audrey Hepburn

#5 – No dejes que el estrés se apodere de ti cuando estás mirando las noticias o acontecimientos del momento. Tu Padre es Dios. Todo obrará para bien. Punto. Apaga las noticias negativas y escucha algo que te haga reír. Luego disfruta esa risa y alegría.

#6 – No te sientas culpable por ser humano o humana. Está bien llorar. A veces te vas a caer. Si nunca te caes, Dios nunca podrá levantarte. Los verdaderos hombres tienen emociones. Las mujeres fuertes no tienen miedo de mostrar sus emociones. Tengo una amiga que dice, "La gente prefiere tener un líder que sea real que un líder que siempre esté en lo correcto".

#7 – Aprende qué es lo que verdaderamente recarga tu tanque y hazlo. Esto es igual a saber cuál es tu lenguaje de amor y también el de las personas a tu alrededor.

Descubre tu lenguaje de amor

Cuando mi esposo y yo nos casamos, me sentía como que siempre estaba media molesta con David: "¿Podrías ayudarme por favor? ¡Tengo tanto para hacer! ¡Yo estoy aquí trabajando duro mientras tú estás sentado en el sofá!".

Mi lenguaje de amor es "actos de servicio". Si *verdaderamente* me amas… ¡sacarás la basura! Yo le reprochaba en vez de llenar *su* "tanque de amor" y decirle cosas como, "¡Gracias por tu ayuda! ¡Es importante para mí! ¡Haces tan buen trabajo al poner todas las cosas en el lavaplatos!". El lenguaje de amor de mi esposo es "palabras de afirmación". Él no se siente amado o apreciado a menos que se lo diga en voz alta. Así que, cuando se trata de mi compañero de vida, ¡lo que afirmo es lo que obtengo!

No puedes reabastecer un auto con agua y esperar que funcione bien. Y un ser humano no puede tomar gasolina y esperar sentirse bien. Necesitas usar el combustible adecuado. Si nunca has leído el libro *Los 5 lenguajes del amor* por Gaby Chapman, te cambiará la vida… ¡enserio! Toda persona tiene una personalidad única y un lenguaje de amor dominante. Todos sentimos y expresamos el amor de manera diferente.

Los cinco lenguajes del amor son:

- Palabras de afirmación.
- Tiempo de calidad.
- Los regalos.
- Actos de servicio.
- Contacto físico.

Lo esencial es lo siguiente: *nunca* podremos recargar el "tanque de amor" de otra persona en la manera que *nosotros* queremos ser amados.

Esto fue algo sumamente importante que yo tuve que aprender; cambió mi manera de pensar y de ver muchas cosas. No podemos esperar que otras personas llenen nuestro tanque si nosotros no sabemos cómo explicarles cómo escuchamos y cómo sentimos el amor.

Encontrar a la persona correcta con quien compartir la vida es importante; ¡pero *ser* la persona correcta también lo es!

RECOMPENSAS

> *"Pero en cuanto a ustedes, sean fuertes y valientes porque su trabajo será recompensado."*
> —2 Crónicas 15:7 (NTV).

Hemos trabajado en cómo permanecer comprometidos (la parte que usualmente la gente no celebra). ¡Y me siento orgullosa de ti! Ahora, ¡hablemos sobre las recompensas (¡algo que debería emocionarnos, pero por alguna razón no tiene ese efecto!).

¿Por qué no habríamos de emocionarnos naturalmente sobre esto? ¡Necesitas celebrar dónde estás hoy, rumbo a tu destino! De lo contrario, será más difícil; más apretado; va a tomar demasiado tiempo y vas a querer tirar la toalla. Necesitas celebrar en el camino, aunque sea un poquito. "Acabamos de hacer un pago de $1,000 a la tarjeta de crédito. Esta noche, salgamos a cenar a algún lugar razonable". O quizás digas, "¡¿Adivina qué?! ¡Perdí 10 libras! ¡Vamos a Starbucks mañana a tomar nuestra bebida favorita!".

Felicidades: tienes una razón para recompensarte, *¡hoy y ahora! Ya eres un éxito; ¡más de lo que crees!*

- Escribiste tus metas y objetivos. Con eso te está yendo mejor que al 97 por ciento del mundo.
- Otras personas trazaron resoluciones/metas, pero al escribirlas, aumentaste la probabilidad de cumplir las tuyas por un 42 por ciento.

- Vas a enfocarte en tus metas y objetivos por 30 días seguidos y vas a memorizarlos. Tu enfoque determinará tu dirección y tu compás interno apunta hacia el éxito.
- ¡Estás entregado o entregada y has asumido el compromiso de hacer tus sueños realidad!

Hay mucho más allá de lo que tus ojos pueden percibir. Es tiempo. Es tiempo de planificar algunas recompensas e incluirlas en tu estrategia. Sí, escuchaste bien: *planes de recompensa*. Es importante que planifiquemos nuestras recompensas. Para mí, mi día de recompensa significa que me toca estar fuera de la oficina. Respiro aire fresco; toco algún árbol con mis manos; ¡me doy el gusto de ver algo lindo; de sentir el sol en mi piel! ¡Esto es esencial!

> *"Los pensamientos del diligente ciertamente*
> *tienden a la abundancia;*
> *Mas todo el que se apresura alocadamente, de cierto va a la pobreza".*
> —Proverbios 21:5 (RVR1960).

Aquí estás tú, planificando, siendo diligente, yendo tras tus metas. Ahora es tiempo de recompensar un poco todo tu esfuerzo. Dios va a darte los "deseos de tu corazón" y hará que tu plan tenga éxito. En este momento –pon atención– quiero darte permiso a disfrutar. A medida que persigas lo que quieres alcanzar, necesitas hacer una pausa para asegurarte que, en otras áreas de tu vida, ¡estés convirtiéndote en la *persona* que deseas ser!

> *Lo que OBTIENES al lograr tus metas no es tan importante como*
> *en quién te CONVIERTES*
> *en el proceso de alcanzar tus metas.*

Quiero que celebres dónde estás hoy. Quizás pienses, "Estoy trabajando duro. Casi no consumo calorías. Estoy haciendo ejercicio. ¡Me he privado de tanto!". Eso suena como que estás a punto de darte por vencido o vencida. No seas esa persona que se rinde y deja de soñar cuando lo que en realidad necesitas es un descanso.

Pequeñas recompensas

Las recompensas no siempre son grandes. A veces, son pequeños rayos de luz que iluminan nuestro día. No sé cuáles sean esas recompensas para ti, pero no siempre tienen que costar dinero. Pedirle a mi esposo que me dé un masaje en los hombros es una recompensa para mí. No sé si lo es para él, pero para mí es maravilloso. (Cuando termina de darme el masaje, luego le toca a él. Vamos, así es como funciona un matrimonio saludable).

Mi esposo y yo trabajamos juntos. Una vez pasamos un año entero trabajando todo el día, siete días a la semana. Pero supimos que así sería de antemano así que planificamos un par de días libres en anticipación. Esos días libres era lo que me animaba a seguir. Después de ocho meses –en un plan que duraría doce meses–, comencé a finalmente ver la luz al final del túnel. Cada día me recordaba que ya pronto esa etapa terminaría y que la recompensa estaba a la vuelta de la esquina. Me *apoyaba* en la idea de "aquel día". *Soñaba* con ese día. ¡Eso fue lo que me ayudó a atravesar esa etapa!

Si has sido una persona dedicada, quiero que celebres cada batalla que ganas camino al gran triunfo que obtendrás en la guerra. Celebra cada batalla. Celebra cada victoria. ¿A dónde vas y en qué parte del camino puedes planificar una celebración? Planificar pequeñas recompensas te ayudará a preservar tu felicidad; preservará tu entusiasmo y te mantendrá en el rumbo correcto.

Lo importante es esto: tú tienes que *planificar las recompensas*.

Determina cómo se vería la victoria para ti y luego…

Date el gusto

Trabaja duro, haz ejercicio, come saludable, descansa, ama a Dios, ama a tu familia y ve a la iglesia. ¡Cumple con tus responsabilidades! Pero, de vez en cuando…

- ¡Date el gusto!
- ¡Mira un montón de episodios de tu serie favorita!
- ¡Duerme todo el día!
- ¡Apaga tu teléfono del trabajo!
- ¡Mira un par de películas!
- ¡Ordena el aperitivo, el plato principal *y también* el postre!

¡No tiene nada de malo hacerlo!

Ser constante y fiel la mayor parte del tiempo nos permite darnos el gusto de vez en cuando sin sentirnos culpable por ello. Al fin y al cabo, lo que hacemos con constancia, cada día, es diferente a lo que hacemos ocasionalmente.

De vez en cuando, ¡relájate y *disfruta!* ¡Te ayudará a apreciar esta vida hermosa que Dios te ha dado!

> *"Las metas son el combustible en el horno del logro".*
> —Brian Tracy

Bonus
CONSEJOS, TRUCOS E IDEAS CLAVE

ESTABLECE UNA RUTINA: TRUCOS PARA LLEGAR EN AUTOPILOTO

El secreto de la vida está en tu rutina diaria: la disciplina y los cambios pequeños que pueden llevarte a las grandes cimas.

No es lo que haces de vez en cuando; es lo que haces constantemente que marcará la diferencia.

Cuando trabajaba en el mundo empresarial, mi esposo solía presumir de mí. Yo era *la* que cerraba los acuerdos. Yo sabía bien cómo hacer posible "el acuerdo". Pero para serte honesta, en realidad no era tan buena para vender. Si me pones en una habitación llena de personas, me pongo tímida. Entonces, ¿cómo llegué a ser tan buena para las ventas? (Te contaré mi secreto…).

Desarrolla una rutina diaria y síguela.

¿Estás comenzando una empresa? ¿En ventas? Haz 20 llamadas no solicitadas, cada día, tengas ganas o no. Sé constante. ¡Esa es la parte difícil! Muchos te van a decir "no". Enfrentarás bastante rechazo. Pero al final, usualmente da resultados… *¡grandes resultados!*

Entonces, ¿cuáles son algunas cosas que podrías incorporar en tu rutina para ayudarte a alcanzar tus metas y lograr tus objetivos?

Protege tu productividad

¿Te pasa a veces que hablas con otras personas, pero ponen más atención a su teléfono, mensajes de texto, y emails que a ti? En una sociedad llena de distracciones, donde los teléfonos son extensiones de nuestros brazos y las notificaciones vienen en todo tipo de colores, sonidos y vibraciones, es asombroso tener la completa atención de una persona. ¡Imagínate lo que podríamos lograr si aplicáramos nuestro enfoque absoluto en nuestra meta!

Jesús tenía una agenda súper ocupada. La gente constantemente le pedía que resolviera todos sus problemas. Él siempre estaba rodeado de multitudes y lo seguían a todas partes. A pesar de la gran demanda que había por su tiempo, Él protegía su productividad; Él apartaba tiempo para retirarse y estar a solas y lejos de la gente. Era durante esos momentos que Él oraba y se conectaba con Dios.

Y tú, ¿tomas tiempo para retirarte a un lugar libre de distracciones donde puedas pensar? Haz tiempo para eso. ¡Ponlo en tu agenda! Jesús estaba comprometido con su propósito. Él se mantuvo enfocado y mantuvo algunos límites para preservar el impulso hacia su objetivo.

Estas son algunas cosas que funcionan para mí:

- Temprano en la mañana es lo mejor. Yo tengo que hacerlo antes que mi cerebro sea bombardeado por las demandas del día. Si lo primero que hago cada día es leer mi casilla de correo electrónico, mi creatividad se agota.
- Estar ocupada no es suficiente. Necesitamos preguntarnos, "¿Con qué me ocupo?". La idea de que no tenemos tiempo para relacionarnos con otras personas es una mentira autodestructiva.
- Cuando estoy tratando de pensar creativamente, uso un cuaderno y un bolígrafo en vez de un artefacto electrónico. ¡Piensa afuera de la caja! ¡Anota algunas ideas tan pronto se cruzan por tu mente!

- Dios pondrá soluciones e ideas maravillosas en tu mente si tomas tiempo para estar quieto y en silencio delante de Él y le das la oportunidad.
- ¿Has notado alguna vez que tenemos la tendencia de enfocarnos más en las cosas que nosotros consideramos más importantes –o, mejor dicho, las más fáciles–?

Desarrolla una rutina exitosa (¡Listo!)

Siempre tengo una lista de "cosas para hacer". Yo sé, hay tantas maneras diferentes de llevar un registro. También hay aplicaciones útiles como Trello, Basecamp, Evernote, Asana y muchas más que siguen tu trabajo a medida que progresas. Y también está el método tradicional: ¡el papel! (Enserio, escribirlo en mi cuaderno o guía de estudio me ayuda a tenerlo presente y en frente).

A mí me gusta hacer una lista de las cosas que puedo realizar y categorizarlas: *hoy, mañana, esta semana, este mes,* o *este año.* Hacer una lista y seguirla te ayudará a alcanzar tu meta y lograr tus objetivos.

Marcar una tarea como "listo" o "terminado" (no importa cuán pequeña sea la tarea) ¡siempre me hace feliz! Son esos *pequeños logros* que nos dan la motivación para seguir con el próximo punto en nuestra lista. Si limpiar la casa completa es desalentador, divídelo en varias tareas pequeñas.

Hoy tengo que:
Lavar las sábanas. (Listo)
Cortar el césped. (Listo)

Y deja de sentirte culpable por las cosas que no alcanzaste a hacer. Yo también lo hago. El remordimiento y la culpa tratarán de tomar las deficiencias del ayer y convertirlas en los problemas de hoy. ¡Hoy es un *nuevo día*! ¡Son las zorras pequeñas, que echan a perder las viñas! Toma las zorras –el remordimiento y la culpa— y sácalas de tu campo (vuelve a leer la sección titulada "Elimina la culpa" si aún te estás estancando en esa área).

"Odio las tareas del hogar! Haces las camas, limpias los platos y seis meses después tienes que empezar de nuevo".
—Joan Rivers

Recuerda: el éxito es, cada vez que te caes, volverte a levantar.

Esta mañana, te levantaste (¡Listo!). ¡Estás en el camino correcto! Siempre procura mejorar, crea una lista, y dale seguimiento. Estás progresando... celebra los logros pequeños a lo largo del camino.

Te comprometiste y lo escribiste. Al final del año, quiero que me cuentes que tan lejos llegaste. Me siento orgullosa de ti y de lo que estás haciendo. Vas a alcanzar tu meta. ¡Lo vas a lograr! Dios te ha dado la fuerza. Él puso ese deseo en tu corazón, y ¡vas a cumplirlo! ¡Vas a triunfar y llegar a la línea final!

"Fe es dar el primer paso, incluso cuando no ves toda la escalera".
—Martin Luther King, Jr.

6 pasos para desarrollar una rutina feliz

Crea una rutina de las siguientes prácticas:

#1: Anima a tus compañeros de trabajo. Si las personas a tu alrededor están disfrutando su día, será más fácil para ti disfrutar el tuyo. La mejor manera de alegrar el día de una persona es afirmarla con palabras positivas. ¡No te cuesta nada! Todos queremos sentirnos aceptados, así que fija como un objetivo de cada día, dar un cumplido a alguien.

#2: Mantente enfocado o enfocada por una hora a la vez. Es una meta pequeña con resultados grandes. Te sorprenderás cuánto puedes lograr si eliminas las interrupciones durante una hora. Hay estudios que muestran que nos toma 15 minutos reanudar la tarea después de una interrupción. La "productividad" lleva a la felicidad, especialmente para un cumplidor de objetivos.

Desarrolla una rutina de productividad de 60 segundos para comenzar esa hora:

- Cierra tu email.
- Pon tu teléfono en silencio.
- Cierra la puerta.
- Pon un una notita en tu puerta para dejarle saber a la gente que no estarás disponible hasta ____.

#3: Practica la atención activa.

> *"Todo lo que hagas, hazlo bien, pues cuando vayas a la tumba no habrá trabajo ni proyectos ni conocimiento ni sabiduría".*
> —Eclesiastés 9:10 (NTV).

A lo largo del tiempo, hacer un esfuerzo consciente e intencional de prestar detenida atención te ayudará a desarrollar una mente astuta. Yo escucho podcasts muy a menudo en la velocidad 1.5. Luego, repito lo que están diciendo para que mi mente no divague y se distraiga. Esto me ayuda a concentrarme en la tarea del momento.

#4: Toma mucha agua. Aunque el café es el medicamento de preferencia de los cristianos (JAJAJA), el agua es el secreto para la energía sostenida. Aunque es tentador parar en la tienda y comprarte una gaseosa, la cafeína te ayuda a estar alerta tan solo por un breve periodo. La próxima vez que necesites un estímulo, prueba tomar dos vasos de agua.

El cuerpo humano está compuesto en un 60 por ciento de agua. La mente está compuesta en un 70 por ciento. Tomar agua es la manera más fácil de mantener tu mente alerta y tu cuerpo refrescado. ¡Y no vas a encontrar algo más barato! (Aparte, las visitas extras al baño te ayudarán a acumular más pasos en el día. JAJAJA).

#5: ¡Celébrate! Necesitas escucharlo otra vez: cuando completes una tarea, termines el proyecto, cierres el trato: ¡celébralo! Sácate a almorzar. Haz algo que siempre deseaste hacer. Y ¡da gracias!

#6: Organiza tu espacio de trabajo. Limpia tu oficina (y tu escritorio). Sácale punta a tu lápiz. Limpia tu casilla de correo electrónico. Organiza tu escritorio. Si mantienes todo en orden, notarás que tu productividad aumentará.

Por último: ¡empieza ahora!

No hay tiempo como el presente. ¿Recuerdas cuando hablamos sobre el valor de la ejecución? Haz las siguientes 6 cosas y te prometo que: vas a sentirte más en control de tu vida (y la gente a tu alrededor se van a sorprender).

SIGUE EL PASO DEL FAVOR

En el año 2007, estábamos de vacaciones en Destin, Florida. Recuerdo que David me dijo, "¡Vamos a pasar muchos años de nuestra vida en playas de arena blanca!". Y yo pensé, *"Oh, me gusta la idea… pero ¿de qué estás hablando? ¡Vivimos en Missouri, un estado que no tiene salida al mar! La única playa allí está hecha de rocas de ríos, en las lodosas orillas de Mississippi".*

Siempre pensamos que tendríamos una iglesia en el sur de Florida algún día. Pero no teníamos la menor idea de dónde terminaríamos. Sin embargo, cuando vives en las recompensas, a veces tienes que seguir el favor.

Teníamos algunos amigos que se habían mudado a West Palm Beach y ellos nos preguntaron, "¿Qué se necesitaría para plantar una iglesia aquí?". Primero, tendríamos que salir en la televisión. Así que nuestros amigos decidieron cubrir los gastos financieros de eso… ¡por *tres años*! ¡Sorprendente!

Florida siempre había estado en nuestra lista de metas. De repente, nos encontrábamos en el lugar correcto y Dios nos había puesto en una ciudad costera la cual nunca antes habíamos visitado. Durante nuestra primera visita, nuestros amigos nos mostraron su oficina. Uno de los miembros de nuestro equipo me llamó desde St. Louis y dijo, "La transmisión será en West Palm Beach, ¿están seguros que quieren tener una transmisión en Florida con un domicilio de St. Louis?".

¡Muy buena observación! Yo le dije, "En este momento estoy por hacer una gira de las oficinas nuevas de nuestros amigos. Luego, haremos una parada en la oficina postal y conseguiremos un apartado postal. Te llamo en una hora". Hicimos la gira de sus oficinas: un hermoso penthouse en uno de los edificios más exclusivos en West Palm Beach, con una fabulosa vista del mar. Cuando terminamos la gira, nuestros amigos dijeron, "¿Saben qué? Tenemos demasiado espacio, más del que necesitamos. ¿Les gustaría tener una oficina aquí, completamente *gratis*?".

¡Por supuesto que sí!

Una hora antes, necesitábamos un domicilio de Florida. De repente, no solo teníamos un domicilio, teníamos también una oficina excepcional, en el centro de la ciudad y en un pent-house, y ¡completamente *gratis*!

Cuando bajamos las escaleras, llamé a nuestro equipo en casa y dije, "Perdón, no tenemos un apartado postal… ¡tenemos una oficina nueva! Y esta es la dirección, 777 Flagler. ¡Tres sietes! El favor de Dios hizo que ganáramos la lotería. ¡Dios nos proveyó una oficina gratuita y un show de televisión! Ese fue el comienzo de nuestro ministerio en West Palm Beach. Ahora, con dos sedes en Florida, viajamos todo el tiempo para predicar y pasamos mucho tiempo en esas playas de arena blanca (como mi esposo lo soñó y lo escribió en sus metas).

Cuando la puerta de oportunidad se abre, cruza el umbral.

No desperdicies tu tiempo golpeando las puertas que no se moverán. La palabra *"No", no siempre es una mala palabra. A veces es un cambio de ruta a un mejor "sí".* Así que no ignores las puertas abiertas mientras estás tratando de patear las puertas cerradas para que se abran. Se llama seguir el paso del favor. Te encontrarás con personas que te preferirán a ti para el trabajo por encima de los demás, aunque tu resume no sea tan bueno. Recibirás mejoras y trato preferencial que no te ganaste. Oirás las palabras "No sé por qué estoy haciendo eso, pero…". Simplemente acepta la gracia. ¡Se llama favor!

A Dios le encanta darte los deseos de tu corazón; dulces recompensas. Y a veces, la recompensa –incluyendo la casa en la playa– puede ser una puerta abierta al próximo nivel en la vida; ¡una vida a la que nunca pensaste que tendrías acceso si no hubieras seguido el paso del favor!

QUÉ DEBES HACER CUANDO ESTÁS ESTANCADO

A veces pensamos que no podemos llegar a donde nos gustaría llegar porque, bueno, simplemente *no hay un camino que te lleve de aquí allí*. A veces, pareciera que estamos transitando la vida tranquilamente cuando de repente, las ruedas comienzan a girar a toda velocidad, pero más allá de ver barro volar para todos lados y arruinarlo todo, no pasa nada; estás estancado o estancada. A Dios no le sorprende tu estado o tu ubicación actual. Su plan no se trunca simplemente porque fracasaste en tu trabajo, tuviste un mal matrimonio, tienes mal crédito o cualquier otra razón. De hecho, estás precisamente donde necesitas estar para llegar a tu destino. Dios tiene las direcciones para el destino al cual Él te ha llamado. "Yo sé los planes que tengo para ti". Eso es lo que Dios dijo en Jeremías 29. Luego, aclaró que no son planes de mal, horribles, de segunda, ni planes de emergencia.

¡Para nada! ¡Son planes de bien y para darnos un buen futuro!

¿Alguna vez has rellenado formularios para un préstamo bancario? Es una cantidad absurda de papeles e información. ¿Alguna vez has rellenado todos los formularios para que luego te rechacen? Es súper desalentador. ¿Puedes imaginarte hacer todo ese trabajo para 100 bancos diferentes y que los 100 bancos te rechacen? ¿Tú seguirías aplicando? Y ¿qué si te rechazaran 200 veces? ¿Te darías por vencido?

¡Gracias a Dios que Howard Schultz no se estancó donde comenzó! ¿Quién es Howard? Un hombre que aplicó para un préstamo y fue rechazado 242 veces. Pero en el intento 243, se lo aprobaron y comenzó la empresa Starbucks (y si no fuera por su existencia, yo sería una persona mucho más gruñona). ¡Menos mal que la rutina no lo detuvo! Cuando somos fieles con lo poco que tenemos, Dios encuentra la manera de bendecir nuestro punto de partida (nuestro ahora, nuestro presente) y nos ayuda a ser mayordomos de mucho más.

"Que te conceda lo que tu corazón desea;
que haga que se cumplan todos tus planes".
—Salmo 20:4 (NIV).

No te estanques en el mismo lugar donde comenzaste

Tu destino no depende de tu punto de origen.

Hoy en día, nadie te dirá, "De aquí no puedes llegar allí". Puede que tengas que esperar; puede que no sea un vuelo directo; puede que requiera tomar un tren, avión, bote o andar en auto. Pero puedes llegar a *cualquier* lugar de donde sea que estés; y no me refiero únicamente geográficamente.

No permitas que algo como...

- Tu ubicación literal ("Vivo en el código postal incorrecto; vivo en el lado incorrecto de la ciudad; nadie de aquí logra algo así...").
- Las condiciones de vida percibida ("Yo nunca terminé la universidad; tuve mis hijos de jovencita; cometí un grave error cuando era joven así que no hay esperanza para mí...").
- Tu ubicación personal ("Es que no soy la persona apropiada; el género típico para esto, mi raza, mi edad, mi CI, mi tipo de cuerpo...").

... te impida soñar a lo grande, hacer tus sueños realidad, y reírte en la cara de las personas que dudaron de ti. Puedes llorar y lamentarte como un disco rayado, pero nadie más lo podrá ver a menos que lo veas tú primero. La lástima y tristeza nunca te ayudarán. Y nunca uses como excusa la "falta de experiencia". Todos nacimos sin experiencia. Si en el trabajo no administras a nadie más que a ti mismo, adminístrate como lo harías con otras personas. Muéstrales a todos que sabes ser el jefe o la jefa, porque sabes ser tu propio jefe o tu propia jefa.

No te estanques en el mismo lugar donde comenzaste. ¡El plan de Dios es mucho más grande de lo que puedes imaginar!

Deshazte de los ladrones

La exclusión es el proceso de agregar algo a tu vida al restarle algo más.

Espera un minuto... ¿tiene sentido matemáticamente lo acabo de decir? ¿Añadir algo a tu vida al restarle algo? Sí, eso dije. Bueno, quizás matemáticamente no tiene mucho sentido, pero en la vida sí tiene sentido. A ver si esto te recuerda a algo...

Te despiertas el domingo por la mañana y ves tu lista de cosas para hacer. Tienes que hacer la compra en el supermercado, lavar ropa, cortar el césped, limpiar la casa, y mucho más. Pero primero... vas a entrar a Facebook rapidito. (Sí, claro que será rapidito). Una hora más tarde, miras el reloj y aún estás en tu celular o en tu computadora.

Es que tenías que publicar en Twitter lo que escribiste en Facebook y publicar en Facebook lo que publicaste en Instagram. Luego, tuviste que leer un montón de emails y no pudiste resistir las historias que te conmovieron tanto que lagrimeaste un poco y sentiste compartirlo en Facebook porque tus amigos necesitan verlo también. Pasó otra hora.

¿Cómo sucede esto? Estas son los ladrones que nos roban la energía, el tiempo y la emoción de nuestra vida. ¿Cómo podemos identificarlos y eliminarlos? Para poder avanzar al próximo nivel y conseguir 10,000 horas de concentración en los talentos que queremos desarrollar, necesitamos restarle algunas cosas a nuestra vida para que podamos multiplicarla en las áreas que Dios quiere crecer.

Este es uno de los consejos más importantes en todo el libro para alcanzar nuestras metas. Espero que subrayes este:

> "Los que se preparan para competir en un deporte, dejan de hacer todo lo que pueda perjudicarlos. ¡Y lo hacen para ganarse un premio que no dura mucho!".
> —1 Corintios 9:25 (TLA).

No te pueden acompañar

A veces, las cosas que debemos excluir, cambiar o negar no son cosas sino personas. Las personas con quien nos juntamos son de influencia en quién nos convertimos.

> "No se dejen engañar por los que dicen semejantes cosas, porque 'las malas compañías corrompen el buen carácter'".
> —1 Corintios 15:33 (NTV).

Si deseamos avanzar en la vida, necesitamos evaluar quiénes son las personas que consumen nuestro tiempo, emoción, nos involucran en drama y problemas, y las personas que constantemente nos involucran en sus propios problemas. ¿Has notado alguna vez que a veces, las personas que estaban de tu lado antes de que tuvieras éxito, son las personas que se alejan cuando comienzan a ver cuánto te bendice Dios? Recuerda que hay amigos por *razón* y amigos por *temporada*. No todas las personas que nos acompañaron hasta *aquí* nos acompañarán el resto del camino a nuestro destino. Tantas veces le he dicho a Dios, "Pero Dios... ¡yo *quiero mucho* a esta persona!". ¿Alguna vez le has dicho eso a Dios?

Dios te está llamando a subir de nivel, pero no puedes subir la escalera cargando a alguien sobre tus hombros.

A veces tenemos miedo y pensamos, "Pero Dios, son mis amigos. Si no los tengo a ellos, no tendré a nadie". Dios está susurrando, "Si tan solo subieras la escalera, tengo nuevos mentores, nuevos amigos y un círculo de apoyo esperándote aquí arriba". Tan solo sigue mi plan. Si amas tanto a esas personas... ¡cuánto más *amarás* a las personas que tengo preparadas para ti en el próximo nivel!".

Dios tiene un propósito para tu vida; Él tiene un llamado para tu vida. Síguelo. Confía en Él. Está dispuesto a soltar las cosas que te están reteniendo. Podrás correr mucho más lejos sin todo ese peso adicional.

¡La situación mejora! La promoción viene del cielo:
- ¡Mejor paga!
- ¡Mejores relaciones interpersonales!
- ¡Mejor paz!
- ¡Mejores oportunidades!
- ¡Una vida mejor!

¡No permitas que las personas que se reúsan a celebrar tus victorias te limiten!

Ora con más audacia

¿Está bien orar por el éxito?

Absolutamente... ¡Sí! Si no oramos por el éxito, ¿cuál es la alternativa? ¿Vamos a orar que Dios nos haga caer? Cuando nuestro éxito honra a Dios y ayuda a otros, el éxito no es algo egoísta.

> "Y Dios proveerá con generosidad todo lo que necesiten.
> Entonces siempre tendrán todo lo necesario
> y habrá bastante de sobra para compartir con otros".
> —2 Corintios 9:8 (NTV).

Comencemos a orar específicamente sobre lo que queremos que acontezca. ¡Eso es definir el éxito!

Recuerdo la primera vez que decidimos salir en ABC hace ya casi 20 años. Soñamos con tener un espacio cerca al de Joel Osteen en su programa de los domingos por la mañana. Cortamos la programación de televisión del periódico (¿recuerdas los periódicos?), y subrayamos en rojo el espacio que queríamos y lo pegamos a nuestro refrigerador (así fue como empezó mi teoría de usar notitas adhesivas). Cada vez que nos daba hambre (que era a menudo), lo veíamos y *orábamos* específicamente por ese espacio. Como orábamos por un resultado específico, fue fácil reconocer el éxito cuando el espacio que queríamos se abrió y nos lo ofrecieron. ¡El éxito es nuestro testimonio!

Si nuestra idea del éxito es fácil de alcanzar, entonces probablemente no sea la idea de Dios.

Él disfruta recibir *todo* el reconocimiento. Es por eso que Él nos da sueños que son *demasiado grandes* para nosotros alcanzarlos y realizarlos por nuestra propia cuenta. ¡Es precisamente por esto que te animo a soñar a lo grande cuando traces tus metas!

Si nuestros logros en la vida continúan dándole la gloria a Dios, ¡no creo que a Él le moleste que oremos y pidamos tener más éxito!

No digas más que no lo mereces

Casi siempre, no me siento digna de hacer lo que Dios me encomendó. "¿Por qué Dios escogería a alguien como yo? Debería elegir a alguien mayor, más sabio, mejor educado; alguien mejor… alguien MERECEDOR". ¿Te has sentido alguna vez pequeño o pequeña e insignificante, como si tu existencia no marca una diferencia? ¿Te has sentido como que has recibido oportunidades en tu vida que no merecías o que desperdiciaste?

¿Te identificas… o soy la única?

Todos nos equivocamos. Todos cometemos errores. Todos pecamos. No importa si alguien aparenta ser más cualificado que tú. *Dios no nos escoge porque lo merezcamos. Él escoge basado en nuestra disponibilidad… porque ninguno de nosotros lo merecemos.*

La pregunta es: ¿estás dispuesto o dispuesta a ir? ¿Estás dispuesto o dispuesta a enfrentar lo que para ti puede parecer oposición (pero para Dios es una oportunidad)? Si tu respuesta es sí, ¡prepárate! ¡Dios es desenfrenado! Lo que Él te pedirá será inusual. Cómo Él pide puede ser interesante. Sus tiempos rompen el esquema. ¡Su fe en nosotros es impensable!

Yo no creo que estés leyendo este libro por casualidad o accidentalmente. Es mi intención no terminar este proceso de trazar metas y objetivos con un ejercicio –algo técnico o un proyecto—. Quiero dejarte con palabras de aliento y confianza. Yo entiendo que tus sueños probablemente fueron desatados en este proceso. Pero también lo hizo Abraham cuando, aun no teniendo su hijo prometido, en su vejez miró las estrellas y creyó que su descendencia sería numerosa como las estrellas. ¡Y así fue!

Yo estoy aquí para asegurarte que los sueños y deseos por los que oraste, escribiste, reflexionaste, visualizaste, y estás implementando vienen de camino, los merezcas o no.

¿Quieres tener éxito?

Si eres como yo, quieres tener éxito hoy, antes de las cinco de la tarde. O, si eres una persona paciente, puedes esperar hasta mañana. Siempre queremos tomar el ascensor más rápido al último piso. Queremos acelerar nuestro éxito. ¡Lo queremos *ahora*! No me malentiendas, es posible experimentar el favor acelerado de Dios. Pero comúnmente, cumplir una meta o alcanzar el éxito es en realidad un proceso.

Quizás hayas escuchado ya la historia del niño que trató de ayudar a una mariposa a salir de su capullo. Su intención fue ayudar. Afortunadamente su papá lo detuvo a tiempo y le explicó el proceso al niño. Es la lucha y el esfuerzo por salir del capullo que fortalece las alas de la mariposa y le ayuda a realizar y cumplir su propósito y volar.

¡El éxito es un proceso! No te olvides del jacinto acuático al terminar y cerrar este libro.

Nuestro talento puede llevarnos lejos y rápido, pero es nuestro carácter lo que nos mantendrá allí.

Aprovechemos el proceso de alcanzar el éxito para desarrollar y fortalecer nuestro carácter. No se trata únicamente de nuestro objetivo, sino de en quién nos convertimos durante el proceso. ¡La persona que seas dentro de cinco años tendrá mucho que decirle a la persona que eres hoy!

Ahora, cierra el libro, levanta tu cabeza (o se te caerá la corona rey o reina) y ¡ve a poseer lo que Dios tiene para ti!

¡Bendiciones!

www.ingramcontent.com/pod-product-compliance
Lightning Source LLC
Chambersburg PA
CBHW070546090426
42735CB00013B/3082